新质生产力

带动下的旅游业
高质量发展路径

李 慧◎著

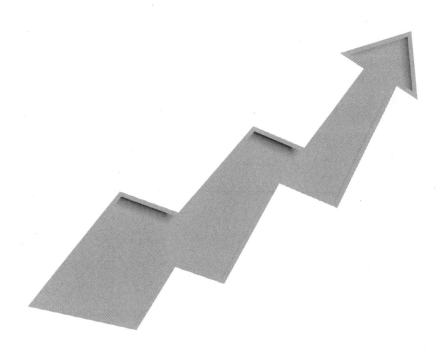

山西出版传媒集团
SHANXI PUBLISHING MEDIA GROUP
山西经济出版社

图书在版编目（ＣＩＰ）数据

新质生产力带动下的旅游业高质量发展路径 / 李慧
著．—太原：山西经济出版社，2024.10
  ISBN 978-7-5577-1387-4

Ⅰ．F592.3

中国国家版本馆 CIP 数据核字第 2024PS4754 号

新质生产力带动下的旅游业高质量发展路径

著　　者：	李　慧	
责任编辑：	郭正卿	
装帧设计：	中北传媒	

出 版 者：山西出版传媒集团·山西经济出版社
地　　址：太原市建设南路 21 号
邮　　编：030012
电　　话：0351-4922133（市场部）
　　　　　0351-4922085（总编部）
E-mail：scb@sxjjcb.com
　　　　　zbs@sxjjcb.com

经 销 者：山西出版传媒集团·山西经济出版社
承 印 者：三河市龙大印装有限公司

开　　本：710mm×1000mm　1/16
印　　张：13
字　　数：139 千字
版　　次：2025 年 1 月　第 1 版
印　　次：2025 年 1 月　第 1 次印刷
书　　号：ISBN 978-7-5577-1387-4
定　　价：78.00 元

前 言

PREFACE

2024年1月31日，习近平总书记在中共中央政治局第十一次集体学习时强调，加快发展新质生产力，扎实推进高质量发展。他指出，高质量发展需要新的生产力理论来指导，而新质生产力已经在实践中形成并展示出对高质量发展的强劲推动力、支撑力，需要我们从理论上进行总结、概括，用以指导新的发展实践。

随着科技的飞速发展和全球化的深入推进，旅游业作为现代服务业的重要组成部分，正面临着前所未有的发展机遇与挑战。新质生产力的提出不仅为旅游业注入了新的活力，也对其发展提出了更高的要求。如何把握新质生产力的机遇，进一步推动旅游业实现高质量发展，成为我们当前面临的重要课题。

本书旨在通过深入了解新质生产力，并结合旅游业的实际情况，深入探讨新质生产力如何带动旅游业的高质量发展。本书第一章为绪论，介绍了新质生产力的概念提出以及当前旅游业的现状分析。

第二章则阐述了新质生产力如何推动旅游业的高质量发展，包括如何培育旅游业新质生产力、实施高质量发展的具体措施，以及探索旅游业与其他产业的融合发展路径。第三章聚焦于新质生产力带动下的旅游业创新发展，介绍了技术创新在旅游业中的应用、旅游业服务模式的创新与实践，以及新质生产力对旅游业创新发展的重要意义。第四章为案例分析，剖析了新质生产力带动下的旅游业高质量发展实践，包括国内典型案例以及成功经验与做法的总结。第五章为前景展望，对在新质生产力带动下的旅游业未来的发展趋势进行了预测和展望。

在编写过程中，本书紧密结合我国旅游业的实际情况和发展需求，力求做到理论与实践相结合。在注重数据支撑和案例分析的同时，通过具体的数据和案例来进一步增强论述的说服力和实用性。

我们相信，通过本书的深入研究和分析，能够为旅游业的高质量发展提供有益的启示。同时，也希望本书能够引起广大旅游业从业者、研究者的关注和思考，共同为我国旅游业的繁荣发展贡献力量。此外，由于笔者水平有限，书中难免存在疏漏之处，敬请读者批评指正。

笔　者

2024 年 5 月

目 录
C O N T E N T S

第一章
绪 论 ◎ 001

第二章
新质生产力带动下旅游业高质量发展 ◎ 021

第三章
新质生产力带动下旅游业的创新发展 ◎ 087

—— C O N T E N T S ——

第四章
案例分析：新质生产力带动下的旅游业高质量发展实践 ◎ 129

第五章
前景展望 ◎ 175

参考文献 ◎ 189

第一章

绪　论

第一节　新质生产力概念的提出

一、生产力的概念及构成要素

（一）生产力的概念

生产力，即社会生产力，也称"物质生产力"，是人们在改造自然、创造物质财富的实践活动中所形成的能力。它体现了生产过程中人与自然的关系，是生产方式的一个重要方面。作为马克思主义政治经济学和历史唯物论的核心概念，生产力不仅是人类历史的物质基础，更是推动社会进步的最积极、最革命的要素。高质量发展是全面建设社会主义现代化国家的首要任务，用新的生产力理论指导新的发展实践，对推动高质量发展行稳致远具有重要意义。[①]

[①]　杨敬宇.人文与传媒学院2024年第4次党员、教职工政治理论学习［EB/OL］.（2024-05-10）［2024-05-20］. http://www.zync.edu.cn/rwcm/info/1100/4228.htm.

（二）生产力构成要素

生产力要素一般分为两类：一类是独立的实体性要素，一类是非独立的附着性、渗透性要素，叫作非实体要素。

1. 实体性要素

生产力的实体性要素主要包括劳动者、劳动资料和劳动对象。

（1）劳动者

劳动者是生产力中最具决定性的要素，他们是物质财富的创造者和使用者。劳动者具备一定的生产经验和劳动技能，并在社会生产中扮演主要角色。劳动者既包括体力劳动者，也包括脑力劳动者，他们是生产活动的主体。

（2）劳动资料

劳动资料是劳动者在劳动过程中所使用的物质手段，如工具、机器等。劳动资料在生产力物的因素中占有重要地位，是人类控制和改造自然的重要工具。劳动资料的发展水平反映了人类征服自然的能力。

（3）劳动对象

劳动对象是劳动过程中所加工的物质材料，是生产活动的客体。劳动对象经过劳动者的加工和改造，转化为满足人类需要的产品。

2. 非实体性要素

非实体性要素主要包括科学技术、管理、教育等。这些要素虽然不具备物质形态，但它们对生产力的提升具有至关重要的作用。它们必须依附于实体性要素才能发挥作用，通过提高生产效率、优化资源配置等方式，推动生产力的不断发展。

二、新质生产力的概念及提出

（一）新质生产力的概念

新质生产力是创新起主导作用，摆脱传统经济增长方式、生产力发展路径，具有高科技、高效能、高质量特征，符合新发展理念的先进生产力质态。[①]

新质生产力作为先进生产力的具体体现形式，是马克思主义生产力理论的中国创新和实践，是科技创新交叉融合突破所产生的根本性成果。[②]新质生产力是马克思主义生产力理论的创新和发展，凝聚了党领导推动经济社会发展的深邃理论洞见和丰富实践经验。[③]新质生产力概念的提出，标志着我国经济社会发展进入了一个新阶段。

[①]　刘志强.以发展新质生产力塑造高质量发展新优势［N］.人民日报，2024-02-29（10）.

[②]　王羽.新质生产力理论公式构建和思考［EB/OL］.（2024-04-29）［2024-05-21］.https://mp.weixin.qq.com/s/ZZEGa9CC7cn1ln4-hrjtWA.

[③]　刘洋.深刻理解和把握发展新质生产力的内涵要义［EB/OL］.（2024-01-02）［2024-05-21］.http://www.xinhuanet.com/politics/20240102/cfd4907e807a4fd68b93c19ec7466399/c.html.

通过加强科技创新、优化产业结构、提高生产效率和质量，推动新质生产力的发展，将有助于实现经济社会高质量发展，为全面建设社会主义现代化国家提供有力支撑。

（二）新质生产力提出背景

2023 年 9 月，习近平总书记在黑龙江考察期间首次提出"新质生产力"一词，此后又在多个重要场合作了深入论述。这些重要论述是对马克思主义生产力理论的新发展，进一步丰富了习近平新时代中国特色社会主义经济思想的内涵，为新时代全面把握新一轮科技革命和产业变革突破方向，推动生产力高质量发展，全面推进中国式现代化建设提供了根本遵循和行动指南。[①]

2023 年 9 月 7 日，习近平总书记在新时代推动东北全面振兴座谈会上强调："要积极培育新能源、新材料、先进制造、电子信息等战略性新兴产业，积极培育未来产业，加快形成新质生产力，增强发展新动能。"

2023 年 9 月 8 日，习近平总书记在听取黑龙江省委和省政府工作汇报时再次强调："要整合科技创新资源，引领发展战略性新兴产业和未来产业，加快形成新质生产力。"

2023 年 12 月，习近平总书记在中央经济工作会议上强调："深化供给侧结构性改革，核心是以科技创新推动产业创新，特别是以颠覆性技术和前沿技术催生新产业、新模式、新动能，发展新质生

① 王勃.习近平总书记强调的"新质生产力"[N].学习时报，2024-03-18（A2）.

产力。"

2024 年 1 月，习近平总书记在主持二十届中央政治局第十一次集体学习时强调："发展新质生产力是推动高质量发展的内在要求和重要着力点，必须继续做好创新这篇大文章，推动新质生产力加快发展。"

2024 年 2 月，习近平总书记在主持二十届中央政治局第十二次集体学习时进一步指出："要瞄准世界能源科技前沿，聚焦能源关键领域和重大需求，合理选择技术路线，发挥新型举国体制优势，加强关键核心技术联合攻关，强化科研成果转化运用，把能源技术及其关联产业培育成带动我国产业升级的新增长点，促进新质生产力发展。"[①]

2024 年 3 月，习近平总书记在参加十四届全国人大二次会议江苏代表团审议时强调："要牢牢把握高质量发展这个首要任务，因地制宜发展新质生产力。"

发展新质生产力是新时代旅游业高质量发展的题中之义。习近平总书记关于发展新质生产力的系列重要论述，为旅游领域发展新质生产力指明了前进方向，提供了根本遵循。特别是旅游业作为现代服务业的龙头，是综合性强的服务业，是与人民美好生活紧密相关的幸福产业，旅游领域推动发展新质生产力具有重大现实意义。[②]

---

① 王勃.习近平总书记强调的"新质生产力"［N］.学习时报，2024-03-18（A2）.
② 银元.加快推动形成旅游业新质生产力［N］.中国旅游报，2024-03-21（03）.

（三）如何发展新质生产力

首先，要及时将科技创新成果转化为现实生产力，应用到具体产业和产业链上，改造提升传统产业，培育壮大新兴产业，积极布局建设未来产业，以完善现代化产业体系。发展新质生产力，必须进一步全面深化改革，形成与之相适应的新型生产关系。

其次，要围绕发展新质生产力优化产业链布局，提升产业链供应链韧性和安全水平，确保产业体系自主可控、安全可靠。这有助于提升我国在全球产业链中的竞争力和地位。

再次，要紧密结合推进新型工业化和加快建设制造强国、质量强国、网络强国、数字中国和农业强国等战略任务，科学规划科技创新和产业创新的布局。深化经济体制、科技体制等改革，着力破解束缚新质生产力发展的瓶颈和难题，建立高标准市场体系，创新生产要素配置方式，确保各类先进优质生产要素能够顺畅地流向发展新质生产力的领域。

最后，要大力发展数字经济，促进数字经济和实体经济深度融合，培育具有国际竞争力的数字产业集群。同时，要扩大高水平对外开放，积极参与全球经济治理体系改革和建设，为发展新质生产力营造良好的国际环境。

第二节 旅游业现状分析

一、旅游业的发展现状

随着改革开放的持续深入和国民经济的蓬勃发展，旅游业逐渐崭露头角，成为公众休闲放松的优选。我国高度重视旅游业的潜力和影响力，因此出台了一系列扶持政策以推动其进步。如今，旅游业在我国国民经济中已占据举足轻重的地位，成为不可或缺的一部分。

我国地域辽阔，拥有得天独厚的自然景观和丰富的人文底蕴，这些资源在全球都享有盛誉。尽管与发达国家相比，我国的旅游业起步较晚，存在某些发展上的差距，但自改革开放至今，我国对旅游业的关注与投入持续加强，现已成功跻身世界旅游大国之列。

党的十八大以来，随着经济发展水平的跨越提升和人们生活需求的快速变化，旅游业加速发展，规模持续扩大，质量不断提升，并有力带动了交通运输、休闲娱乐等相关行业的发展。如今，旅游已成为人们生活的重要内容，成为小康社会的重要生活方式，旅游业作为国民经济战略性支柱产业的地位更加巩固。[①]

（一）2023 年国内旅游数据介绍

据中华人民共和国文化和旅游部 2024 年初发布的统计数据显示，2023 年，国内出游人次 48.91 亿，比上年同期增加 23.61 亿人次，同比增长 93.3%。其中，城镇居民国内出游人次 37.58 亿，同比增长 94.9%；农村居民国内出游人次 11.33 亿，同比增长 88.5%（见表 1-1）。[②]

表1-1　2022年与2023年国内出游人次统计对比

单位：亿人次

	2022 年	2023 年
城镇居民出游人次	19.28	37.58
农村居民出游人次	6.01	11.33
国内总出游人次	25.30	48.91

数据来源：笔者根据中华人民共和国文化和旅游部发布的《2022 年度国内旅游数据情况》《2023 年国内旅游数据情况》制作。

分季度看，其中 2023 年第一季度国内出游人次 12.16 亿，同比增长 46.5%；第二季度国内出游人次 11.68 亿，同比增长 86.9%；第三季度国内出游人次 12.90 亿，同比增长 101.9%；第四季度国内出游人次 12.17 亿，同比增长 179.1%（见表 1-2）。

---

① 文旅中国.中国旅游　新发展　新气象 | 发展人民满意的旅游业［EB/OL］.（2024-05-13）［2024-05-22］. https://baijiahao.baidu.com/s?id=1798907214743136375&wfr=spider&for=pc.
② 中华人民共和国文化和旅游部.2023 年国内旅游数据情况［EB/OL］.（2024-02-09）［2024-05-22］. https://zwgk.mct.gov.cn/zfxxgkml/tjxx/202402/t20240208_951300.html.

表1-2 2022年与2023年第一至四季度国内总出游人次统计对比

单位：亿人次

	第一季度		第二季度		第三季度		第四季度	
	2022 年	2023 年	2022 年	2023 年	2022 年	2023 年	2022 年	2023 年
国内总出游人次	8.30	12.16	6.25	11.68	6.39	12.90	4.36	12.17

数据来源：笔者根据中华人民共和国文化和旅游部发布的《2022 年度国内旅游数据情况》《2023 年国内旅游数据情况》制作。

2023 年国内游客出游总花费 4.91 万亿元，比上年增加 2.87 万亿元，同比增长 140.3%。其中，城镇居民出游花费 4.18 万亿元，同比增长 147.5%；农村居民出游花费 0.74 万亿元，同比增长 106.4%（见表 1-3）。

表1-3 2022年与2023年国内出游总花费对比

单位：万亿元

	2022 年	2023 年
城镇居民出游总花费	1.69	4.18
农村居民出游总花费	0.36	0.74
国内出游总花费	2.04	4.91

数据来源：笔者根据中华人民共和国文化和旅游部发布的《2022 年度国内旅游数据情况》《2023 年国内旅游数据情况》制作。

（二）2023 年中国旅游经济运行分析与 2024 年发展预测

2024 年 2 月，中国旅游研究院发布《2023 年中国旅游经济运行分析与 2024 年发展预测》（以下简称《报告》）。《报告》认为，2024 年是旅游经济周期内转段和跨周期跃升的关键期，全年"供需两旺、积极乐观"可期，国内旅游、入境旅游、出境旅游三大市场主要指标将保持两成以上增速，接近甚至超过 2019 年历史最高水平。[①]

《报告》显示，2023 年，国内旅游复苏不断提速，全国旅游市场景气指数维持高位。各季度居民出游意愿维持在 90% 以上，全年平均达 91.86%，较 2019 年提高 4.52 个百分点。旅游市场和旅游产业链得到明显修复，旅游企业家信心稳定。2023 年，旅游企业家信心延续了近年来的稳定上升态势，年度指数为 97.68。游客满意度维持高位，旅游业加快进入高质量发展新阶段。各地推出各式"宠游客"举措，收获了广大游客的满意，也展现了广泛的社会宽容和文化包容。2023 年，全国游客满意度综合指数为 80.04，处于满意水平，与 2019 年满意度水平基本持平。《报告》指出，2024 年宏观环境和微观需求的利好因素叠加，全年旅游经济维持"供需两旺、积极乐观"预期。新兴市场主体加速涌入，旅游发展开始进入由"供给迎合需求"到"供给创造需求"的新阶段。政府涉旅财政政策更

---

① 中国旅游研究院 .2023 年中国旅游经济运行分析与 2024 年发展预测［M］.北京：中国旅游出版社，2024.

加积极，政策重点从需求侧为主的逆周期调节转向兼顾需求侧和供给侧的跨周期调控。签证便利化协同推进，相关政策红利不断释放，出境旅游市场景气指数势必得到大幅修复。[①]

根据国内旅游抽样调查统计结果，2024 年第一季度，国内出游人次 14.19 亿，比上年同期增加 2.03 亿，同比增长 16.7%。其中，城镇居民国内出游人次 10.77 亿，同比增长 14.1%；农村居民国内出游人次 3.42 亿，同比增长 25.7%（见表 1-4）。[②]

表1-4　2023年和2024年第一季度国内出游人次统计对比

单位：亿人次

	2023 年第一季度	2024 年第一季度
城镇居民国内出游人次	9.44	10.77
农村居民国内出游人次	2.72	3.42
国内出游人次	12.16	14.19

数据来源：笔者根据中华人民共和国文化和旅游部发布的《2023 年国内旅游数据情况》《2024 年一季度国内旅游数据情况》中的数据制作。

国内游客出游总花费 1.52 万亿元，比上年增加 0.22 万亿元，同比增长 17.0%。其中，城镇居民出游花费 1.29 万亿元，同比增长 15.4%；

① 李志刚.2023 年中国旅游经济运行分析与 2024 年发展预测：2024 年旅游市场主要指标或超历史最高水平［EB/OL］.（2024-02-04）［2024-05-22］. http://www.ctnews.com.cn/baogao/content/2024-02/04/content_156116.html.

② 中华人民共和国文化和旅游部.2024 年一季度国内旅游数据情况［EB/OL］.（2024-04-30）［2024-05-18］. https://zwgk.mct.gov.cn/zfxxgkml/tjxx/202404/t20240430_952635.html.

农村居民出游花费 0.23 万亿元，同比增长 26.9%（见表 1-5）。①

表1-5　2023年和2024年第一季度国内旅游花费统计对比

单位：万亿元

	2023 年第一季度	2024 年第一季度
城镇居民出游花费	1.12	1.29
农村居民出游花费	0.18	0.23
国内游客出游总花费	1.3	1.52

数据来源：笔者根据中华人民共和国文化和旅游部发布的《2023 年国内旅游数据情况》《2024 年一季度国内旅游数据情况》中的数据制作。

二、影响我国旅游业发展的因素

影响我国旅游业发展的因素多种多样，主要包括国内外经济因素、政策因素、自然因素、文化因素、社会因素等。这些因素相互关联、相互影响，共同塑造并决定了我国旅游业的发展趋势，对旅游业的发展产生着重要而深远的影响。

（一）经济因素

1. 国内经济水平

① 中华人民共和国文化和旅游部 .2024 年一季度国内旅游数据情况［EB/OL］.（2024-04-30）［2024-05-18］. https://zwgk.mct.gov.cn/zfxxgkml/tjxx/202404/t20240430_952635.html.

随着国内经济的快速增长，人们的生活水平得到显著提升，消费能力也逐步增强。在基本物质需求得到满足后，人们开始追求精神文化享受，这进一步激发了人们对旅游活动的热情。他们拥有更多的闲暇时间和可支配收入，用于追求休闲、放松和享受旅游体验。因此，旅游已成为越来越多人选择的主要休闲方式。

2. 消费需求

消费者的旅游需求是推动旅游业发展的重要动力。随着社会经济的不断发展和人们生活质量的提高，旅游需求呈现出多样化和个性化的趋势。从最初的观光旅游到如今的休闲度假、文化体验、美食探索等多元化需求，这些都为旅游业的持续发展提供了广阔的市场空间和坚实基础。

3. 旅游投资与基础设施建设

政府对旅游业的投资和支持力度以及旅游基础设施的完善程度是影响旅游业发展的重要经济因素。具有良好基础设施和完善旅游服务体系的地区，往往能提升旅游业的吸引力和竞争力。旅游项目的规划、建设和运营需要大量资金投入，而政府的投资和政策支持能够吸引更多资本进入旅游业，推动其快速发展。因此，政府的投资和支持措施以及完善的旅游基础设施为旅游业的持续发展奠定了坚实的物质基础。

4. 产业链完善

旅游业的可持续发展需要一个完整、完备的产业生态系统作为支撑。餐饮、住宿、交通、娱乐等相关配套产业的发展水平，不仅关乎各自行业的繁荣与发展，更直接影响整个旅游产业链的运转与扩展。因此，不断完善旅游产业链、提升服务质量，已成为推动旅游业长期可持续发展的重要战略之一。

5. 政策与法规

政府的政策与法规对旅游业的发展具有非常重要的影响。政府可以通过制定旅游发展规划、出台旅游优惠政策、加强旅游市场监管等方式来促进旅游业的健康发展。同时，政府还需积极支持和引导旅游企业创新发展，鼓励旅游产业的多元化和个性化发展。此外，更为完备和规范的法规体系可以为旅游业的发展提供更为全面和有力的保障，确保旅游市场的有序运行。

6. 全球经济形势

随着经济全球化进程的不断加快，国际交流与合作日益频繁，中国已成为越来越多国际游客向往的热门旅游目的地。与此同时，中国游客的出境游需求也呈现出持续增长的趋势，对国内外旅游业产生着深远而重要的影响。在这种背景下，旅游产业需要不断创新发展，以适应全球旅游市场的变化和需求，共同推动全球旅游市场的蓬勃发展。

（二）政策因素

1. 旅游投资政策

旅游业作为国民经济战略性支柱产业，政策旨在巩固旅游业在国民经济中的战略地位，推动其高质量发展，满足人民日益增长的美好生活需要。近年来，国家加大了对旅游业的投资力度，旨在优化旅游基础设施建设，提升服务品质。同时，通过实施一系列税收减免、贷款优惠等政策，积极支持和鼓励旅游企业进行创新，降低运营成本，以提升我国旅游业的竞争力和吸引力。这些举措不仅推动了旅游业的转型升级和高质量发展，还有助于加强产业顶层设计，激发文旅消费潜力，深化产业融合，优化企业服务，并提升对外贸易的质量。

2. 旅游安全监管政策

在旅游安全监管方面，政府加强了监管力度，包括强化旅游景区安全管理措施、持续完善旅游应急救援体系等。这些积极的举措旨在提高旅游行业的整体安全水平，确保每一位游客的人身和财产安全都能得到全面保障。

3. 签证政策

签证政策是影响出境旅游市场的重要因素，其任何变化都将对旅行社的出境游业务产生直接影响。例如，签证手续的简化、办理时间的缩短或费用的调整，都可能对旅行社的业务产生显著影响。此外，签证政策的变化还可能促使政府加强对旅行社服务行业的监管，如强化旅行社资质审核，规范市场秩序，严厉打击旅游欺诈行为等。

4. 旅游带动乡村振兴

在经济层面上，旅游业为农村地区提供了大量的就业机会。农民可以从事农家乐、农产品加工等服务和产业，从而显著增加收入。农村景区的建设需要土木工程、餐饮服务等产业的支持，这些产业的发展会进一步推动当地经济的繁荣。此外，为满足游客对食品安全、食品营养的需求，可以将当地具有资源优势的农产品进行适当加工，提升农产品的附加值，同时促进农产品品牌的创立与推广。

在社会层面上，旅游业的发展不仅提高了农民的收入，还改善了农村的基础设施和公共服务。为了吸引更多游客，地方政府通常会加大对乡村地区的基础设施建设和公共服务投入，进一步改善农民的生活条件。同时，乡村旅游业的发展还有助于保护和传承乡村地区的传统文化和历史遗产。

在环境层面上，乡村旅游的发展强调对农业农村资源的保护开发与节约利用，包括农业清洁生产、农业废弃物回收利用等，以实现农业的可持续发展，改善人居环境。同时，乡村旅游也有助于保护乡村文化、促进乡村环境的改善，助力建设宜居宜业的新农村。

（三）社会因素

1. 消费观念的变化

随着经济的发展和人民生活水平的提高，人们对于旅游的认识和需求也在逐渐改变。从追求物质享受转向追求精神满足，从单一消费模式转向多元化消费，从传统的"走马观花"式旅游转变为追求深度体验和个性化定制的旅游方式。这一转变反映了居民旅游观念的升级，对旅游业的发展产生了深远影响。越来越多的人开始注重旅游过程中的文化体验和心灵感受，这推动了文化旅游、生态旅游等新型旅游业态的蓬勃发展。

2. 国民可支配收入的增加

人们收入的逐渐增长使得旅游支出变得更加可行。当个人满足了日常消费需求后，他们会有更多的额外资金用于旅游消费，这进一步推动了旅游业的繁荣。

3. 国民可支配时间的增多

随着国家法定节假日的增加以及居民工作和生活方式的转变，人们可以自由支配的时间不断增加。这一趋势为旅游业的进一步发展提供了必要的时间条件，从而拓宽了参与旅游活动的群体，为旅游市场注入了新的增长动力。

4. 交通条件的改善

我国的交通条件不断得到优化，这为旅游业的发展提供了有力支持。高速铁路、高速公路等基础设施的不断完善，极大地提升了人们出行的便捷性，使得各个旅游目的地更加容易到达，进而进一步激发了人们对旅游的热情和向往。

（四）文化因素

中国，作为拥有悠久历史和灿烂文化的文明古国，其丰富的历史文化遗产无疑吸引了全球游客的目光。随着全球化进程的不断加深，不同文化之间的交流与融合为旅游业开辟了前所未有的发展空间和机遇。从古老宏伟的皇宫寺庙到宏大壮丽的古城遗址，从细致精美的传统工艺品到深厚内涵的文化底蕴，这些独特而珍贵的文化资源不仅展示了中华民族卓越的智慧和创造力，更吸引着无数国内外游客前来探索和亲身体验。在全球化的浪潮下，不同文化之间的交流和融合变得愈发频繁和密切，为旅游产业带来了新的发展机遇和前景。如今，游客们不再满足于简单的观光游览，而是更加追求深度体验和文化交流。因此，将传统文化与现代元素相结合，打造出富有创意和吸引力的旅游产品，成为提升旅游业竞争力和吸引力的重要途径之一。此外，旅游业还可以通过举办各类文化交流活动，如音乐节、艺术节、美食节等，为游客提供丰富多彩的文化体验。这些活动不仅能吸引游客的目光，还有助于推动当地文化的传承与发展，促进旅游业与文化产业的深度融合。

（五）自然环境因素

中国拥有丰富而多样化的自然景观，如高山与峡谷、河流与湖泊、沙漠与戈壁、森林与草原等，这些独特的自然资源为旅游业提供了得天独厚的旅游资源和产品，吸引着众多游客前来探索。同时，随着社会对生态环境保护意识的提高，人们越来越倾向于选择生态旅游、绿色旅游等新型旅游方式，这也为旅游业的发展带来了新的挑战和机遇。然而，值得注意的是，气候变化对旅游业的影响日益凸显，极端天气事件可能会对旅游活动造成不利影响。因此，旅游业相关部门需要加强对气候变化的应对和防范措施，以确保旅游活动的正常开展，并促进旅游业的可持续发展。

新质生产力带动下旅游业高质量发展

第一节　如何培育旅游业新质生产力

一、因地制宜发展新质生产力

我国地域辽阔、人口众多，各地的资源条件和发展阶段有着较大差异，因此在发展过程中所面临的核心问题和发展难题也各不相同。因此，我们不能简单地套用统一的发展模式，而是需要因地制宜，积极探索适合特定地区的多元化发展道路。

2024 年 3 月 5 日，习近平总书记在参加十四届全国人大二次会议江苏代表团审议时强调，要因地制宜发展新质生产力。新质生产力的特点在于创新，关键在于质优，本质是先进生产力。习近平总书记明确提出"因地制宜"的要求，是对发展新质生产力的最新论述，为我们指明了前进的方向和路径。坚持实事求是，一切从实际出发，是"因地制宜"这一原则的核心要义，也是习近平新时代中国特色社会主义思想的重要方法论。

生产力是推动社会进步的最活跃、最革命的要素。新质生产力已经在实践中形成并显示出对高质量发展的强大推动力、支撑力。在发展新质生产力的过程中，需要处理好以下几个方面。

（一）共性与个性

我国幅员辽阔，各地的资源禀赋、产业基础、科研条件等各不相同。因此，必须坚持从实际出发，因地制宜，分类指导，坚持"一把钥匙开一把锁"，有所为有所不为，有选择地推动新产业、新模式、新动能的发展。要保持定力，科学理性地推动工作，找准着力点和主攻方向。既要防止一哄而上、泡沫化的"大呼隆"，也要防止重复建设、只搞一种模式的"抄作业"。要从实际出发，按规律办事，打好"特色牌"，走稳"务实路"，推动新质生产力的发展闯出一片新天地。

（二）新兴产业与传统产业

发展新质生产力并不意味着忽视或放弃传统产业，而是应该坚持先立后破的原则，统筹推进新兴产业与传统产业相互促进、相得益彰，形成推动高质量发展的合力。以科技创新为引领，一手抓培育壮大新兴产业、超前布局建设未来产业，一手抓传统产业升级改造，积极促进产业向高端化、智能化、绿色化转型，才能让产业发展脱胎换骨、强筋壮骨，为完善现代化产业体系提供坚实有力支撑。

《2024 年国务院政府工作报告》在部署加快发展新质生产力时提出，要积极培育新兴产业和未来产业，深入推进数字经济创新发展。加快培育形成新质生产力涉及多方面的内容，新兴产业、未来产业只是其中之一。虽然新兴产业和未来产业是发展新质生产力的主阵地，但决不能忽视或放弃传统产业。对于传统产业与新质生产力的关系，要用全面、辩证、发展的眼光来观察和理解。传统产业并不等同于落后产业或无效产业，它们在很多地方仍然是现代化产业体系的基石。一方面，传统产业为新质生产力提供支撑；另一方面，当传统产业注入创新力量，也能"老树发新枝"，形成新的活力。[①]

（三）生产力与生产关系

为了发展新质生产力，必须进一步深化全面改革，以形成与之相适应的新型生产关系。要深化科技体制、教育体制、人才体制等关键领域的改革，消除制约新质生产力发展的瓶颈和障碍，加快构建有利于新质生产力发展的体制机制，确保各类先进、优质的生产要素能够畅通无阻地流向新质生产力的发展领域。

同时，要扩大高水平对外开放，持续打造市场化、法治化、国际化的一流营商环境，塑造更高水平的开放型经济新优势，为发展新质生产力营造更为优越的国际环境。通过改革激发动力，通过开放引入活力，新质生产力的发展前景将会越来越广阔。

---

① 刘怀丕，王亚宏，杨柳.两会新华时评·用好总书记指导的方法论｜深刻领会因地制宜对发展新质生产力的重要意义［EB/OL］.（2024-05-07）［2024-04-18］. http://www.ctnews.com.cn/zt/content/2024-03/07/content_157429.html.

二、培育新质旅游生产力

在 2024 年全国两会期间，习近平总书记就如何发展新质生产力提出了重要指导，特别强调了新兴产业、未来产业与传统产业的关系，这对于文化和旅游行业全面准确把握发展新质生产力具有重大意义。习近平总书记强调"积极推进文化和旅游深度融合发展"，并指出"发展旅游业是推动高质量发展的重要着力点"。在新时代，要实现经济社会的高质量发展，关键在于实现由传统向现代的动能转换，并培育新的增长点。为此，我们必须深入学习贯彻习近平总书记关于文化和旅游工作的重要论述精神，牢牢把握高质量发展的首要任务，完整、准确、全面贯彻新发展理念，挖掘并培育文旅业新的增长点，释放高质量发展新活力。

一是将文旅业培育成为扩大内需、释放消费潜力的新增长点。习近平总书记强调，"消费日益成为拉动经济增长的基础性力量"。二是将文旅业作为拉动有效投资、拓展产业空间的重要引擎。文旅业作为引领未来的朝阳产业，具有显著、直接且迅速的经济增长效应。三是将文旅业打造为对外交流合作的新平台。习近平总书记指出，"旅游是传播文明、交流文化、增进友谊的桥梁"。四是将文旅业作为践行生态优先、绿色发展理念的新典范。文旅业具备集约资源、保护环境、节能低碳等显著特点。五是将文旅业打造为创新驱动、培育新质生产力的新阵地。习近平总书记指出，"科技创新能够催生新产业、新模式、新动能，是发展新质生产力的核心要素"。文旅业关联度高、融合性强，为培育新质生产力提供了广阔的空间和巨大的潜力。六是将文旅业作为促进乡村振兴、实现共同富裕的重要抓手。文化和旅游是乡村振兴的"金钥匙"，也是实现共同富裕的关键途径，能够助力乡村居民实现物质和精神双重富裕，并在乡村文旅融合中实现可持续的"造血式"共同富裕。七是将文旅业作为弘扬中华优秀传统文化、加强文化遗产保护利用的新载体。旅游不仅是文化习得的方式，也是文化生产和传播交流的方式，在保护和传承中华优秀传统文化中发挥着不可替代的作用。八是将文旅业打造成提高公共文化服务、加强精神文明建设的新增长点。推动高质量发展，文化是重要支点；满足人民日益增长的精神文化生活需要，文化是重要因素。[①]

中国旅游研究院院长戴斌说："首先，不能一哄而上，要因地制宜发展旅游领域中的新质生产力，培育新质旅游生产力。其次，旅游从业人员要更新观念、提升素质，其中，教育、培训、研讨，必不可少。截至2024年4月，我国旅游业直接从业人员有2825万人，导游有70万人，旅行商有5万家，要让旅游从业者打开眼界看看外面的世界。如果人的思想观念没有进步和演化，再先进的生产力也起不到任何效果。就像计算机虽然先进，但是如果把它交到原始人手上，很难发挥应有功能。在生产过程中，人和生产工具、生产方

---

① 李爱武.挖掘培育文旅新增长点　释放高质量发展新活力［N］.中国旅游报，2024-04-11（03）.

式之间，要有一定的匹配性。所以培育旅游新质生产力，离不开培育旅游业人才。"戴斌院长的话语中，深刻揭示了旅游业发展的核心要素和未来发展的方向。在当今时代，旅游业不再只是单纯的游览和观光，它已经成为一个集文化、休闲、娱乐、商务等多功能于一体的综合性产业。[①]

综上所述，随着科技的进步和人民生活水平的提高，人们对旅游的需求日益多样化和个性化。这就要求旅游业必须紧跟时代步伐，不断创新和升级，以满足不同消费者的需求。而培育新质旅游生产力，正是实现这一目标的关键所在。我们需要不断探索和创新，加强人才培养和市场营销，以更好地满足游客的需求和期望，推动旅游业实现更高质量的发展。

第二节　旅游业高质量发展的措施

随着全球化进程的加速和人民生活水平的不断提高，旅游业已成为全球经济增长的重要引擎之一。然而，单纯的数量增长并不能代表旅游业的真正繁荣，高质量发展才是实现旅游业可持续发展的关键。为了实现这一目标，我们需要采取一系列切实可行的措施，以推动旅游业的高质量发展。以下是具体的措施。

---

① 戴斌.培育和发展旅游业新质生产力［EB/OL］.（2024-04-07）［2024-05-22］.
https://www.ctaweb.org.cn/cta/ztyj/202404/32bd5b8c771a452e8add992ed9a5f81c.shtml.

一、推进智慧旅游的发展

（一）智慧旅游的概念

智慧旅游，即智能旅游，是利用云计算、物联网等现代信息技术，通过互联网和移动互联网平台，借助便携的终端设备，实时感知旅游资源、旅游经济、旅游活动及旅游者等方面的信息，并及时发布，以便人们能够及时获取这些信息，从而合理安排和调整工作与旅游计划。智慧旅游的建设与发展最终将体现在旅游管理、旅游服务和旅游营销等多个层面。

（二）智慧旅游提出背景

智慧旅游的概念在中国于 2010 年首次由江苏省部分城市的旅游部门提出，此后，智慧旅游的理念迅速传播至全国。近几年，不论是中央政府还是地方政府，各级政府对智慧旅游的推动都表现出了极大的关注和热情。

在《中国旅游业"十二五"发展规划信息化专项规划》中，国家旅游局将智慧旅游作为重要的发展方向，并确定了包括南京、无锡在内的全国 18 个城市作为首批国家智慧旅游试点城市。此外，还有包括南京中山陵园在内的 22 家景区被选定为全国智慧旅游景区试点单位。为了推动智慧旅游行业的更好发展，各省市纷纷出台智慧旅游发展规划或行动计划，如《江苏省"十二五"智慧旅游发展规划》《北京智慧旅游行动计划纲要（2012—2015 年）》等。这些规划和纲要的制定，标志着智慧旅游正逐步进入常态化建设阶段。

2015 年 1 月，国家旅游局基于全国智慧旅游发展的不同阶段和建设发展经验，发布了《关于促进智慧旅游发展的指导意见》，为未来智慧旅游的发展制定了新的规划，为我国智慧旅游的未来发展指明了方向。

（三）智慧旅游的创新发展

1. 智慧旅游创新发展总体要求

以习近平新时代中国特色社会主义思想为指导，深入学习贯彻习近平文化思想，完整、准确、全面贯彻新发展理念，加快构建新发展格局，发展新质生产力，促进数字经济与旅游业深度融合，坚持深化改革、创新驱动，坚持市场主导、政府引导，坚持需求牵引、强化赋能，坚持因地制宜、注重实效，推动智慧旅游创新发展。预计到 2027 年，智慧旅游经济规模进一步扩大，智慧旅游基础设施更加完善，智慧旅游管理水平显著提升，智慧旅游营销成效更加明显，智慧旅游优质产品供给更加丰富，智慧旅游服务和体验

更加便利舒适。^①

2.智慧旅游创新发展的重点任务

（1）提升智慧旅游基础设施

随着智慧旅游的不断发展，基础设施建设的重要性日益凸显。我们需要对现有信息基础设施进行全面升级和改造，以满足大数据处理、云计算等先进技术对数据传输和处理能力的日益增长的需求。同时，要积极推进5G技术与智慧旅游的融合发展，利用5G技术的高速、低延迟特性，为游客提供更加流畅、多样化的旅游体验。

（2）提升智慧旅游服务效能

服务效能的提升是智慧旅游发展的关键。我们需要积极探索和应用创新方法和技术，提升整体服务质量，满足游客日益增长的需求。同时，要持续优化服务平台，提高运营效率，确保游客能够便捷、快速地获取旅游信息，并顺利预订旅游产品。此外，要重视老年游客群体的特殊需求，提升适老化服务水平，让老年游客也能轻松享受智慧旅游带来的便利和乐趣。同时，不断提升文旅场所的服务水平，以游客满意度为最终目标。

（3）提升智慧旅游管理水平

在智慧旅游管理工作中，应积极推进"互联网＋监管"模式，利用大数据、云计算等技术手段，实现对旅游市场的实时监控和预警。同时，加强应急响应体系建设，确保在突发事件发生时能够迅速、有效地进行处置，保障游客的人身和财产安全。

---

① 文旅政务.一图读懂：智慧旅游创新发展行动计划［EB/OL］.（2024-05-13）［2024-06-03］.https://zwfw.mct.gov.cn/flagship/zcjd/zcjdDetail?uuid=405.

（4）提升智慧旅游营销效能

营销在智慧旅游发展中具有重要作用。我们应积极加强新媒体的运用，利用社交媒体、短视频等新媒体平台，扩大智慧旅游的知名度和影响力。同时，加强对旅游营销效果的规范管理，确保营销信息的真实性和准确性。此外，进行营销绩效评估，为未来的营销策略调整提供数据支持。

（5）培育智慧旅游产品

在产品培育的过程中，我们需要积极引导企业发挥主体作用，不断探索并创新旅游产品及其服务模式。同时，加强产学研协同，推动旅游院校、科研机构与企业间的紧密合作，共同研发更具市场竞争力的智慧旅游产品。此外，还需大力培育多样化的智慧旅游产品，以满足不同游客的个性化需求。

（6）提高旅游数据资源利用率

数据作为智慧旅游的核心资源，对于推动旅游发展具有关键作用。因此，我们需要不断提升数据处理和分析能力，以支持决策制定和规划。通过深入挖掘数据潜力，为政府部门提供决策依据，完善旅游政策和市场预测机制。同时，加大对数据开发的投入，为旅游企业提供精准的市场研究和营销策略建议，以增强其市场竞争力。此外，确保游客个人隐私和旅游数据的安全，是至关重要的，因此，我们必须加强数据安全措施，建立健全信息保护机制，以维护游客权益和数据的完整性。

（7）提高旅游数字化转型

数字化转型是智慧旅游发展的关键所在，必须大力推进。我们需要鼓励各旅游城市和景区加强智慧化建设，提升城市的智慧旅游水平。同时，不遗余力地推动智慧旅游"上云用数赋智"的发展，借助云计算、大数据等技术手段，为旅游企业提供更加便捷高效的服务支持。

（8）培育智慧旅游创新人才

人才是智慧旅游发展的核心要素，人才培养对于推动行业发展具有不可替代的作用。因此，我们需要加大高校基础人才的培养力度，不仅要强化旅游相关专业的教学和科研实力，更要注重培养学生的实践能力和综合素质。同时，加强人才队伍建设，吸引更多具有创新思维和实践经验的人才加入智慧旅游领域。通过人才培养和引进相结合的方式，为智慧旅游业的未来发展提供坚实的人才保障。

（四）智慧旅游服务平台的构建

智慧旅游服务平台通过整合旅游资源，为游客提供一站式的旅游信息查询、预订、支付等服务。游客仅需在平台上输入目的地、时间等相关信息，便能轻松获取所需的旅游信息，包括景点介绍、酒店预订、交通方式等。此外，平台还提供多种支付方式，让游客能够根据自己的需求选择最合适的支付方式进行结算。

除了提供便捷的旅游服务，智慧旅游服务平台还运用大数据、云计算等技术手段，对游客的行为进行深入分析，为游客提供个性化的旅游推荐。通过分析游客的旅游历史、兴趣爱好等数据，平台能够精准推荐符合游客需求的旅游线路、景点等，从而提升游客的满意度和体验度。

同时，推广智慧景区建设也是智慧旅游发展的重要方向。智慧景区借助物联网、人工智能等技术，实现景区管理智能化、游客体验优化。例如，通过安装智能传感器和监控设备，景区能够实时监测游客流量、环境状况等信息，从而及时调整管理策略，确保游客的安全和舒适。智慧景区还提供电子导游服务和智能导览系统，让游客能够更方便地了解景区的历史文化、风土人情等信息。

为了更好地推动智慧旅游的发展，建设智慧旅游数据中心也至关重要。智慧旅游数据中心整合了旅游信息资源，包括景点数据、酒店数据、交通数据等，通过建立统一的数据标准和接口，实现了旅游信息的共享和互通。这不仅能够为游客提供更加全面、准确的旅游信息，还能为旅游企业提供更加精准的市场分析和决策支持。

在智慧旅游的发展过程中，电子导游服务也备受游客青睐。电子导游服务通过手机等终端设备，为游客提供实时的导览、语音讲解等信息。游客只需在手机上下载相关的电子导游应用，即可随时随地获取所需的旅游信息，避免了传统导游服务的诸多不便。

此外，实施智慧旅游监管也是保障智慧旅游健康发展的重要措施。借助大数据、云计算等技术手段，对旅游市场进行实时监测和分析，能够及时发现并处理违法违规行为，保障游客的合法权益。同时，智慧旅游监管还能通过对旅游市场数据的深入挖掘和分析，为旅游企业提供更加精准的市场预测和决策支持。

综上所述，智慧旅游作为一种新兴的旅游发展模式，通过构建智慧旅游服务平台、推广智慧景区建设、建设智慧旅游数据中心等手段，为游客提供了更加便捷、个性化的旅游体验。随着技术的不断进步和应用场景的不断拓展，智慧旅游将在未来发挥更加重要的作用，推动旅游产业的持续健康发展。

二、旅游基础设施建设

（一）旅游管理服务建设

管理服务在旅游行业中占据举足轻重的地位，它涉及提升旅游从业人员的素质、加强培训和教育，以及完善旅游服务标准体系等多个方面。通过这些措施，我们能够有效提高服务质量，促进旅游行业的健康稳步发展。

第一，提高旅游从业人员的素质是提升服务质量的关键。为实现这一目标，我们应加强对从业人员的培训和教育。通过举办各类培训班、研讨会和讲座，我们可以帮助从业人员掌握更多专业知识，提升他们的业务能力和服务水平。同时，引入先进的培训理念和方法，如在线学习、案例分析等，能使培训更加灵活、高效。

第二，完善旅游服务标准体系也是提升服务质量的重要途径。我们应制定一系列详细的服务标准，明确各个环节的职责和要求，从而规范旅游市场秩序。此外，可以借鉴国内外先进的旅游服务标准，结合实际情况进行本土化改造，形成具有我们自身特色的旅游服务标准体系。

第三，在加强旅游安全管理方面，应建立完善的旅游安全管理体系。这包括明确各级旅游管理部门的安全管理职责，制定旅游安全管理制度和应急预案，以及加强旅游安全设施建设等。通过这些措施，我们可以确保游客的人身安全，降低旅游风险。具体而言，在旅游景区、酒店、交通工具等场所，应加强安全设施建设，如安装监控设备以实时监控游客活动，设置安全警示标识以提醒游客注意安全。此外，还需定期对旅游从业人员进行安全培训，以增强他们的安全意识和应对突发事件的能力。同时，加强旅游安全监管也是至关重要的。我们应加大对旅游市场的监管力度，对存在安全隐患的旅游企业和产品进行整治和处罚。通过加强监管，可以确保旅游市场的健康发展，为游客提供更加安全、优质的旅游体验。

（二）完善旅游交通基础设施

完善旅游交通基础设施对于提升旅游目的地的可进入性和通达性至关重要。在当前社会，随着人们生活水平的提升和旅游需求的日益增长，交通基础设施的完善程度直接影响到旅游目的地的吸引力和竞争力。

完善旅游交通基础设施意味着增加交通线路和交通工具的多样性，使游客能更加便捷地到达目的地。这包括修建更多公路、铁路、航空线路等，以及增加公共交通工具的数量和频次。通过这些措施，可以有效缩短游客的旅行时间，提高旅游效率，从而吸引更多游客前来。例如，2024 年 3 月 25 日，苏州金龙新 V 系客车全球首发。

新车基于全新数字化平台打造，成为客车行业"新质生产力标杆产品"，外观、品质、技术、效率等大幅提升。新 V 系全系标配智能座舱，提供手机控制接口，驾驶员、导游可定制操控灯光、多媒体、空调等。客户称赞其外观靓丽，智能座舱提升乘客良好体验感，车内空间宽敞，适合长途游。①

优化交通网络布局是提升旅游交通便捷性和高效性的关键。通过科学合理的规划，将各个交通节点和线路有效连接，形成高效、便捷的交通网络。这不仅有助于提高游客的出行效率，还能促进旅游资源的充分利用和区域旅游的协调发展。此外，加强旅游交通安全管理也至关重要。在旅游过程中，确保游客的安全和舒适至关重要。因此，我们需要加强交通法规的宣传和执行，提高驾驶员的安全意识，加强旅游车辆的维护和保养。这些措施能够确保游客在交通环节的安全与舒适，为他们提供更好的旅游体验。

在具体实践中，我们可以借鉴成功案例和经验。一些知名旅游城市通过大力发展轨道交通、优化公交网络等方式，成功提高了城市的可进入性和通达性。同时，一些旅游景区也通过加强内部交通设施建设，完善步行道、骑行道等，为游客提供了更加舒适、便捷的旅游体验。

此外，还需要关注旅游交通的发展趋势和新技术应用。随着科技的不断进步，智能交通、无人驾驶等新技术正在逐渐应用于旅游

① 王若溪.打造新质生产力标杆　助力旅游客运服务提升：苏州金龙新 V 系客车全球首发［EB/OL］.（2024-03-27）［2024-04-18］. http://www.ctnews.com.cn/chanye/content/2024-03/27/content_158197.html.

交通领域。2024 年，低空经济被写入政府工作报告，引发关注。国务院新闻办公室于 2024 年 4 月 17 日举行新闻发布会，国家发展改革委相关负责人介绍，低空经济涉及物流运输、城市交通、体育休闲、文化旅游等领域，是前景广阔的战略性新兴产业，也是新质生产力的典型代表。当前，我国发展低空经济已经具备较好基础，体现在"三个有"。一是有政策，有关部门围绕飞行活动审批程序优化、空域分类划设、无人机实名制登记等方面，出台了一系列管理制度；二是有基础，各地加强低空飞行基础设施建设，2023 年底全国已建成并登记的通用机场 449 个、飞行服务站 32 个；三是有能力，我国新型低空飞行器呈现蓬勃发展态势。[①]

综上所述，新技术的应用不仅可以提高交通效率，还能提升游客的出行体验。因此，我们应积极探索新技术在旅游交通中的应用，以推动旅游交通的创新与发展，为游客提供更加便捷、舒适、安全的旅游交通环境。

（三）提高旅游酒店服务质量

旅游酒店作为游客在旅途中的临时栖身之所，为游客提供各种膳食、住宿和服务。作为旅游基础设施的重要组成部分，旅游酒店通常由客房部、膳食部和商品部等主要分部组成，有些甚至配备邮电、银行、理发等一系列服务设施。旅游酒店的服务质量是衡量其

---

① 李志刚. 国新办发布会：新热点新潮流不断涌现带动消费增长［EB/OL］.（2024-04-17）［2024-04-18］. http://www.ctnews.com.cn/jujiao/content/2024-04/17/content_159094. html.

经营管理水平的关键指标，高品质的服务能够弥补设施上的不足，吸引更多客源，提高经济效益。因此，在建设旅游酒店时，应充分考虑其可行性，包括选择交通便利、客源充足的地点。建筑风格应因地制宜，体现当地民族风情和地域特色，与周边景观形成和谐互动。同时，酒店的经营管理需引入现代化科学技术，确保信息畅通，提升竞争力。

以下是一些建议，旨在帮助旅游酒店提升服务质量。

第一，加强员工培训与素质提升。定期进行服务技能培训，包括礼仪、沟通技巧、应急处理等；增强员工对酒店文化、服务理念和价值观的认同，提升服务意识；鼓励员工参加外部培训或研讨会，拓宽视野，提高专业水平。

第二，完善服务流程与标准。制定明确的服务流程和标准，确保每位员工清楚自己的职责和操作流程；定期检查和评估服务流程，及时发现问题并进行改进；鼓励员工提出改进服务的建议，推动创新和持续改进。

第三，关注客户需求与反馈。深入了解客户需求和期望，通过问卷调查、客户访谈等方式收集客户反馈；对客户反馈进行认真分析和处理，及时解决问题并改进服务；定期举办客户座谈会或交流会，增进与客户的沟通和互信。

第四，提升硬件设施与环境质量。定期对客房、餐厅、会议室等场所进行维护和更新，保持设施设备的完好和舒适；加强清洁和卫生管理，确保饭店环境的整洁和卫生；营造温馨、舒适的氛围，提升客户的住宿体验。

第五，优化餐饮服务。提供多样化、高品质的餐饮服务，满足不同客户的口味和需求；注重食品安全和卫生管理，确保食品的质量和安全；提供个性化的餐饮服务，如定制菜单、特殊饮食要求等。

第六，加强网络营销与品牌建设。利用互联网和社交媒体进行宣传和推广，提高酒店的知名度和美誉度；建立完善的网络营销体系，包括在线预订、客户评价等功能；加强品牌建设，提升酒店的品牌价值和影响力。

第七，建立激励机制与考核体系。设立合理的薪酬和福利制度，激励员工积极工作；建立科学的考核体系，对员工的工作表现进行客观评价；对表现优秀的员工进行表彰和奖励，树立榜样效应。

第八，加强与其他旅游企业的合作。与旅行社、景区等旅游企业建立合作关系，共同推广旅游产品；互相分享客源和资源，实现互利共赢；加强行业交流与合作，共同提高旅游服务质量。

三、旅游品牌的营销

品牌营销在现代旅游业中占据着举足轻重的地位。为了更好地满足不同游客群体的需求，需要进行深入的市场调研，并针对不同年龄段、不同兴趣爱好的游客开发一系列多样化的旅游产品。为了给游客提供丰富多彩的旅游体验，这些产品不仅要涵盖传统的观光旅游，还要融入更多富有创意和个性化的元素。

首先，针对家庭出游的游客群体，推出亲子游产品。这类产品注重家庭互动和亲子教育，通过一系列有趣的互动环节和体验项目，让家长和孩子在游玩中增进感情，同时学习新知识，拓宽视野。此外，结合当地的文化特色和自然资源，还可以为游客提供独具特色的研学游产品，使游客在游玩的同时，深入了解当地的历史文化和风土人情。

其次，针对老年游客群体，推出老年游产品。这类产品要注重舒适度和安全性，为老年游客提供贴心周到的服务。同时，精选适合老年人游玩的景点和项目，并配备专业的医护人员和导游，确保老年游客在游玩过程中的安全和舒适。

最后，除了针对不同游客群体开发多样化的旅游产品外，还可以升级传统旅游产品，提高产品质量和服务水平。不断引入新的技术和管理理念，优化旅游产品的设计和实施流程，确保游客在游玩过程中享受到更加优质的服务和体验。同时，还应积极创新旅游产品，探索新的旅游方式和体验。例如，推出虚拟现实旅游产品，让游客通过虚拟现实技术，足不出户就能领略世界各地的美景；推出探险旅游产品，让游客在刺激的探险过程中，感受到挑战和成就感。

为了塑造旅游目的地的品牌形象，提升知名度和美誉度，可以通过举办旅游节、旅游推广周等多元化营销活动，吸引更多游客前来体验旅游产品。同时，加大媒体宣传力度，利用互联网、社交媒体等渠道扩大品牌影响力。

四、激发旅游市场活力

为了进一步提升旅游消费的品质和水平，应着重加强旅游产品的创新和开发。通过深入挖掘旅游资源的文化内涵和特色，可以推出更多具有独特性和吸引力的旅游产品，以满足游客多样化的消费需求。同时，加强对旅游服务质量的监管和评估，确保游客能够享受到高品质的旅游服务。

旅游市场作为国民经济的重要组成部分，对于推动经济发展、增加就业和丰富人民精神文化生活都具有重要意义。为了激发旅游市场的活力，积极促进旅游业的可持续增长并提升游客的消费体验，需要采取一系列措施，包括鼓励旅游企业创新、推动旅游市场多元化发展、简化审批程序以降低旅游企业运营成本，以及加大旅游市场宣传以吸引更多游客前来旅游。

第一，优化旅游消费环境的重要性不容忽视。目前，旅游市场中存在一些侵害消费者权益的行为，如不合理低价游、强迫购物等，这些行为不仅损害了游客的权益，也影响了旅游行业的整体形象和信誉。因此，需要加大旅游市场的监管力度，建立健全监管机制，严厉打击违法违规行为，确保市场规范有序。同时，加强对旅游从业人员的培训和教育，提升他们的职业素养和诚信意识，为游客提供优质服务。

第二，鼓励旅游企业创新是推动行业发展的关键所在。在旅游市场竞争激烈的背景下，企业应积极探索新的旅游产品和服务模式，以满足游客的个性化需求。例如，推出个性化定制游、主题游等创新产品，增加旅游体验的丰富性和多样性。同时，加强旅游科技创新，运用大数据、云计算等现代信息技术手段，提升旅游服务的质量和效率，为游客带来更加便捷、智能的旅游体验。

第三，推动旅游消费创新也是提升市场活力的重要手段。新兴消费模式如线上营销、直播带货等具有传播快、互动强等特点，深受年轻游客喜爱。近年来，旅游消费案例展现了新质生产力推动的"四轮驱动"模式：新需求引领、新产品新业态供给、新模式新赛道推进、新科技赋能。[①] 这些案例通过释放幸福感和科技创新生产力，实现了共创价值、共享快乐。因此，我们应支持旅游企业开展线上营销、直播带货等活动，利用互联网和新媒体拓展市场，激发消费潜力。

第四，推动旅游市场多元化发展是提升市场活力的有效途径。这包括资源的多元化、产品的多元化以及市场的多元化。应深入挖掘各类旅游资源，打造特色旅游目的地，开发不同档次的产品和服务，以满足不同游客的需求。同时，积极拓展国内外市场，吸引更多游客前来旅游，推动旅游业的持续健康发展。

---

① 石培华.美好生活度假休闲工程有利于释放旅游消费潜力［EB/OL］.（2023-11-28）［2024-04-18］.http://www.ctnews.com.cn/paper/content/202311/28/content_84274.html.

五、实施人才强旅战略

实施人才强旅战略，是我国旅游业持续、健康、快速发展的关键所在。在全球化和信息化的时代背景下，旅游业的竞争日益激烈，而人才则是决定竞争力的核心要素。因此，必须加强旅游人才培养，提高旅游从业人员的整体素质，以推动旅游业的创新发展。

首先，加强旅游人才培养需从教育源头抓起。高校作为人才培养的重要基地，应积极响应国家发展战略，开设旅游相关专业，培养具备高素质的旅游人才。这些专业应涵盖旅游管理、旅游规划、旅游市场营销、旅游文化等多个领域，为学生提供全面的知识和技能。同时，高校还应与企业合作，建立实践基地，为学生提供实习和实训机会，使其能够将理论知识与实践相结合。

其次，提高旅游从业人员的素质同样至关重要。旅游业是一个服务型行业，从业人员的服务态度、专业技能和跨文化交际能力直接影响游客的满意度和忠诚度。因此，需要加强对旅游从业人员的培训和教育，提高他们的专业素养和服务水平。这包括举办各类培训班、研讨会和论坛，邀请业内专家进行授课和指导，以及鼓励从业人员参加各种资格认证考试，提升自身的专业水平和竞争力。

再次，加大人才引进力度也是实施人才强旅战略的重要一环。要积极吸引更多优秀人才投身旅游业发展，特别是那些具有创新精神和国际视野的高端人才。为此，可以制定更加优惠的人才政策，提供具有吸引力的薪酬和福利待遇，为人才创造更加宽松的发展环境。同时，加强与国际旅游组织的合作与交流，引进国际先进的旅游理念和经验，推动我国旅游业与世界接轨。

最后，在实施人才强旅战略的过程中，还应注重人才的合理配置和有效使用。要根据旅游业发展的实际需求和地域特点，合理规划和布局旅游人才资源，确保人才在旅游业中发挥最大的作用。同时，建立健全人才激励机制和评价体系，激发人才的积极性和创造力，为旅游业的发展提供源源不断的动力。

六、完善相关旅游政策

在政策支撑方面，应致力于完善并优化一系列相关政策，以适应日益多样化的游客需求和不断变化的旅游市场格局。具体来说，政策的制定应以游客需求为导向，深入了解并准确把握游客的实际需求和消费趋势，从而制定出更具针对性和时效性的政策措施。

首先，应针对不同客群推出更为细化的旅游优惠政策。针对亲子家庭、研学旅行团队以及老年游客等特殊客群，可出台更具针对性的优惠政策，如门票减免、住宿优惠等，以吸引更多游客前来旅游。同时，针对特殊节假日和旅游淡旺季，应制定差异化的政策措施，以平衡旅游市场的供需关系，促进旅游业的可持续发展。

其次，政策应鼓励和支持旅游企业的创新发展。通过实施税收优惠、资金扶持等政策措施，降低旅游企业的运营成本，激发其创新活力。同时，建立健全旅游企业信用体系，对守信企业给予更多政策倾斜，如优先获得政府项目支持、享受更多税收优惠等；对失信企业则实施联合惩戒，限制其参与市场竞争，从而维护旅游市场的公平竞争秩序。

再次，还应完善旅游创新政策，支持旅游科技创新和新型旅游业态的发展。出台相关政策，鼓励旅游企业加大研发投入，推动智慧旅游、虚拟旅游等新型旅游业态的发展。同时，加强与高校、科研机构等单位的合作，共同推动旅游产业的转型升级，提升旅游产业的竞争力和吸引力。

最后，政策还应促进文旅深度融合。通过制定更多促进文旅融合的政策措施，加强文化遗产保护与开发，推动文化与旅游产业的深度融合。通过举办文化节庆、艺术展览等活动，提升旅游目的地的文化吸引力，丰富游客的旅游体验。同时，注重挖掘旅游资源的文化内涵，将文化元素融入旅游产品和服务中，提升旅游产品的附加值和市场竞争力。

第三节　旅游业与其他
产业的融合发展探索

　　贵州商学院旅游管理学院院长韩军指出："'文旅＋多产业'融合是实现旅游产业化高质量发展的路径。科学技术的发展，特别是信息技术的发展将产业之间的连接变得更紧密，产业之间的边界逐步柔性化；以路网、电网、管网为代表的传统基础设施基本完善，新型基础设施建设全面启动，产业融合的障碍逐步被消除；人的需求更加个性化，文化旅游消费成为人们对美好生活向往的代表，文化的独特性吸引力，旅游的求新求奇，使新生活方式不断涌现。因此，'文旅＋多产业'融合发展是旅游业发展到一定阶段的必经之路。通过不同产业发展与文化和旅游业之间耦合协调度的实证分析，对处于良好协调发展的产业优先推进高质量融合发展，对中初级协调发展的产业注意加强引导融合，对失调发展的产业暂缓推进融合发展。[①]"旅游业与其他产业的融合主要包括文旅融合、文旅与美食融合、文旅与农业融合等多个方面。下面将具体介绍文旅融合的相关内容。

---

① 曹雯．"文旅＋多产业"融合为新时代发展引擎［EB/OL］．（2021-02-19）［2024-06-04］．http://www.ddcpc.cn/detail/d_wenhua/11515115574348.html.

一、文旅融合

习近平总书记指出："文化产业和旅游产业密不可分，要坚持以文塑旅、以旅彰文，推动文化和旅游融合发展，让人们在领略自然之美中感悟文化之美、陶冶心灵之美。"党的二十大报告对繁荣发展文化事业和文化产业作出重要部署，明确提出"推进文化和旅游深度融合发展"。我们要以习近平新时代中国特色社会主义思想为指导，贯彻落实党的二十大精神，持续推进文化和旅游深度融合发展，促进旅游业高质量发展。

随着社会经济的持续繁荣和人们生活水平的不断提高，旅游逐渐成为人们放松身心、丰富体验、享受生活的重要方式之一。面对旅游市场的日益扩大和游客需求的多元化、个性化趋势，传统单一的旅游方式已难以满足人们的多样化需求。因此，文旅融合作为一种全新的旅游理念应运而生，成为备受关注的独特旅游选择。

文旅融合在旅游业和文化领域引起了广泛而深刻的关注。它不仅代表了一种全新的旅游方式，更是一种创新形式，能够有效促进文化的交流与传承。在快节奏的社会生活中，文旅融合为人们提供了难得的机会，使游客能够沉浸式地体验文化，深刻感悟文化的魅力、内涵和底蕴。在旅途中，游客不仅能感受到文化的源远流长，还能让文化在旅途中焕发出更加丰富、多彩的活力与生机。文旅融合是一个将深厚的文化底蕴与蓬勃发展的旅游业相互交织、相互促进的过程，通过文化的力量提升旅游的品质，同时借助旅游的传播力推动文化的传承与创新。

（一）文旅融合的特点

1.深度融合文化资源与旅游资源

文旅融合作为当前文化旅游发展的重要趋势，并非简单地将文化资源和旅游资源叠加，而是深入挖掘文化内涵，巧妙地将文化元素融入旅游产品和服务中，从而打造出具有独特魅力和市场竞争力的文化旅游品牌。

首先，文旅融合强调对文化内涵的深入挖掘。文化作为一个民族、一个地区的灵魂，承载着丰富的历史、传统、习俗和价值观。在文旅融合过程中，需要对当地文化资源进行深入挖掘和整理，理解其内在的精神内涵和独特魅力。这样，文化元素才能有效地融入旅游产品和服务中，让游客在欣赏美景的同时，也能感受到当地的文化氛围和历史底蕴。

其次，文旅融合注重将文化元素融入旅游产品和服务中。这体现在旅游线路的设计上，需充分考虑文化元素的分布和特色，将文化景点与自然景观有机结合；在旅游产品的开发中，注重文化元素的融入和创新，打造具有文化内涵的纪念品、手工艺品等；在旅游服务中，加强文化元素的渗透和传递，通过导游讲解、文化体验活动等方式，让游客深入了解当地的文化和历史。

最后，文旅融合致力于打造具有独特魅力和市场竞争力的文化旅游品牌。这需要在深入挖掘文化内涵和巧妙融入文化元素的基础上，注重品牌的塑造和推广。通过打造独特的文化旅游形象、提升服务质量、加强市场营销等手段，使文化旅游品牌在市场上具有更强的竞争力和吸引力。

2. 文化创意与旅游产业的相互促进

文旅融合这一理念近年来在国内文旅界引发了广泛关注与热烈讨论。其核心在于实现文化创意与旅游产业的深度融合，通过创新文化旅游产品和服务，满足游客的多元化需求，同时推动文化产业和旅游产业的协同发展，实现互利共赢。

在文旅融合的过程中，文化创意的注入为旅游产业带来了新的活力。传统的旅游景点往往仅侧重于自然景观或历史遗迹的展示，而缺乏对文化内涵的深入挖掘。文旅融合则强调在保持原有景观特色的基础上，融入更多富有创意的文化元素，如文化体验活动、主题展览等，使游客在欣赏美景的同时，也能深刻感受到浓厚的文化氛围。此外，文旅融合推动了旅游产品的创新，通过开发更多具有创意的旅游产品，如文化旅游线路、特色民宿等，为游客提供了更加丰富多彩的旅游体验。这些产品不仅满足了游客的个性化需求，也提升了旅游产业的附加值和竞争力。

同时，文旅融合也促进了文化产业和旅游产业的协同发展。文化产业为旅游产业提供了丰富的创意资源和文化内涵，使旅游产品更具吸引力和竞争力；而旅游产业则为文化产业提供了广阔的市场空间和商业机会，有助于推动文化产业的发展壮大。这种协同发展的模式有助于实现两个产业的共赢，推动整个文旅产业的持续健康发展。当然，文旅融合也面临一些挑战和困难，例如如何确保融合不破坏原有景观的特色和价值，以及如何平衡游客的多元化需求与旅游资源的可持续利用。这些问题需要我们不断在实践中探索和解决。

3. 文化传承与旅游发展的结合

文旅融合作为当代旅游业发展的一个重要方向，旨在通过旅游业的繁荣与发展，实现优秀传统文化的传承与弘扬。这一融合模式不仅提升了旅游的文化内涵和品质，也促进了传统文化的创新发展，使之在现代社会中焕发出新的生机与活力。

在文旅融合的过程中，保护和利用文化遗产资源至关重要。文化遗产资源是传统文化的载体，是民族精神和历史记忆的体现。通过挖掘、整理和展示这些资源，可以让游客在游览过程中深入了解当地的历史文化，感受传统文化的独特魅力。同时，对文化遗产资源的合理开发和利用，也为旅游业注入了新的文化内涵，提升了旅游产品的附加值和市场竞争力。

在文旅融合的实践中，各地纷纷探索出各具特色的模式和方法。例如，一些历史文化名城通过修缮古建筑、复原古街区、打造特色文化街区等方式，将传统文化元素融入旅游产品中，使游客在游览过程中能够亲身体验到古代文化的韵味。此外，一些地区还通过举办文化节庆活动、推出文化主题旅游线路等方式，吸引更多游客前来参观体验，进一步推动文旅融合的深入发展。

文旅融合不仅有助于传承和发展传统文化，还能促进旅游业的可持续发展。随着人们对精神文化需求的不断增长，对旅游产品的文化内涵要求也越来越高。通过文旅融合，可以推动旅游业的转型升级，实现由数量扩张向质量提升的转变。同时，通过保护和利用文化遗产资源，也能促进当地经济的发展，带动相关产业的繁荣。

（二）文旅融合的发展现状

近年来，随着旅游业的发展和消费升级，文旅融合已经成为一种新的发展趋势。各地纷纷推出各种形式的文旅融合项目，如文化主题公园、博物馆、艺术园区等，吸引了大量游客前来参观和体验。同时，随着互联网技术的发展，线上文旅融合也成为新的热点，各种文化旅游 APP、在线展览等受到了游客的广泛欢迎。文旅融合有以下几个方面。

1. 融入文化元素

文旅融合要求我们深入挖掘和全面理解当地文化，这涵盖了历史、民俗、艺术、传统技艺等多个方面。需要通过系统的整理和研究，提炼出这些文化元素，并赋予它们新的时代意义，使它们在现代社会中焕发新的生机和活力。在挖掘文化内涵的基础上，文旅融合需要将文化与旅游紧密结合。这不仅是将文化元素简单地融入旅游产品，更是要将文化的精神内核与旅游体验过程相融合。例如，将当地的历史故事融入旅游线路设计，让游客在游览中感受历史的厚重和文化的魅力；或将当地的民俗风情融入旅游活动，让游客亲身参与、体验，从而更深入地了解当地文化。

2. 注重创新与创意

文旅融合还需要注重创新和创意。在融合过程中，我们要敢于尝试新思路和方法，通过创意设计、科技运用等手段，以更生动、有趣的方式呈现文化元素。这不仅能吸引更多游客，还能提升旅游产品的附加值和竞争力。此外，加强产业支撑和人才培养也是关键。要优化产业结构，完善产业链条，提升产业质量，为文旅融合提供强有力的产业支撑。同时，加强人才培养和引进工作，提高从业人员的专业素养和服务水平，为文旅融合提供人才保障。文旅融合是一个长期而复杂的过程，需要政府、企业、社会各方面的共同努力和推动。通过文旅融合，我们可以让更多人了解并喜爱当地文化，同时推动当地旅游业的发展，实现文化与经济的双赢。

3. 开发文化遗产旅游

加强文化遗产保护并开发其旅游资源是一项意义深远且充满挑战的任务。文化遗产是历史的见证和民族的瑰宝，承载着丰富的历史信息和深厚的文化内涵。因此，在保护文化遗产的同时，合理开发其旅游资源，既能传承和弘扬文化，又能促进旅游业的发展，实现文化与经济的双赢。例如，近年来，"博物馆热"持续升温。"仅2023 年，中国国家博物馆就举办各类展览 57 个，接待观众 675 万余人次，征集各类实物资料超 1.18 万件（套）。"2024 年，故宫博物院启动了总体规划修编工作，确定未来（2026—2040 年）15 年工作的发展目标和工作计划，同时质量管理体系建设工作进入全面推进落实阶段。①

加强文化遗产保护是开发旅游资源的前提和基础。必须充分认识文化遗产的珍贵性和不可再生性，采取有效措施加强保护。这包括建立完善的法律法规体系，明确保护责任，加大投入力度，提高保护水平。同时，加强公众教育，增强全民保护文化遗产的意识，形成全社会共同参与的保护格局。

在保护文化遗产的基础上，可以开发其旅游资源。历史遗迹是文化遗产的重要组成部分，它们记录了人类历史的发展脉络，是了解历史、传承文化的重要载体。我们可以利用历史遗迹开展历史主题游，让游客在游览中感受历史的厚重和文化的魅力。同时，结合当地的民俗文化，开展民俗体验游，让游客亲身参与、体验，从而更深入地了解当地文化。

4. 举办文化节

为了提升旅游目的地的文化吸引力，可以通过举办文化节、艺术展览等活动吸引游客。文化节庆是展示地方文化特色的重要平台，不仅能吸引大量游客前来观赏和参与，还能提高地方文化的知名度和影响力。可以结合当地的文化特色，举办各种具有地方特色的文化节庆活动，如庙会、戏曲节、民族运动会等。同时，邀请国内外知名艺术家和表演团体来当地举办艺术展览和演出活动，为游客提供更加丰富多彩的文化体验。

---

① 徐晓.持续推动机关党的建设　为高质量发展贡献力量［N］.中国旅游报，2024-04-10（01）.

（三）文旅融合的未来趋势

未来，随着旅游业的发展和消费升级，文旅融合将会呈现出以下主要趋势和特点。

1. 个性化定制

随着游客需求的多样化，文旅融合产品和服务将更加注重个性化定制，以满足不同游客的特定需求，从而提升游客的体验感和满意度。在未来的文旅产业发展中，个性化定制将成为一种显著趋势，不仅体现在产品和服务的类型上，更将深入每一个细节之中。从行程规划到景点选择，从餐饮住宿到文化体验，每一个环节都将根据游客的个性化需求进行精心策划。例如，针对家庭出游的游客，我们可以提供亲子互动体验项目，让孩子们在游玩的同时学习知识，增强家庭间的亲子关系。对于喜欢探险和挑战的游客，我们可以设计更具刺激性和挑战性的户外项目，满足他们寻求刺激的心理需求。对于追求文化深度的游客，我们可以提供更为专业的文化讲解和体验，让他们能够深入了解当地的历史文化和风土人情。此外，个性化定制还将注重游客的情感需求。在产品和服务的设计中，我们将更加关注游客的情感体验，让他们在享受旅游的过程中感受到温暖和关怀。例如，我们可以在酒店房间中布置温馨的装饰，提供贴心的服务，让游客在旅途中感受到家的温馨和舒适。

2. 数字化技术的应用

随着科技的迅猛发展，数字化技术正在不断改变着我们的生活方式，其在文旅融合中的应用也日益广泛。虚拟现实（VR）、增强现实（AR）、人工智能（AI）等前沿技术被深度融入文化旅游产品和服务的开发中，为游客带来了更加丰富和创新的体验。

虚拟现实技术为游客提供了一种全新的沉浸式体验。通过戴上特制的眼镜和耳机，游客仿佛置身于古代宫殿、名山大川之中，感受历史的厚重和自然的壮美。这种技术不仅让游客能够突破时间和空间的限制，亲身体验那些难以触及的文化景点，还能够在视觉上呈现出更加逼真的效果，增强游客的参与感和沉浸感。

增强现实技术也为文化旅游带来了新的可能性。通过在景点现场叠加虚拟信息，增强现实技术可以让游客看到更多与景点相关的历史文化、传说故事等内容。游客可以通过手机或特制设备，实时了解景点的历史背景、文化内涵，甚至可以与虚拟角色进行互动，增加游览的趣味性和互动性。

此外，人工智能技术在文旅融合中也发挥着重要作用。例如，智能导游系统可以根据游客的兴趣和需求，提供个性化的行程规划和推荐。同时，智能客服系统也可以快速回答游客的问题，提供便捷的在线服务。这些技术的应用不仅提升了游客的满意度，也提高了文化旅游服务的效率和质量。

3. 跨界合作

在未来，文旅融合的发展将更加注重跨界合作，这种合作将不仅局限于传统的文化和旅游领域，还将涵盖艺术、体育、科技等多个领域，共同推动新产品和服务的开发，实现互利共赢的局面。

第一，文旅融合与艺术领域的合作将呈现出更多创新形式。艺术作为人类精神文化的重要组成部分，将为旅游带来独特的魅力和吸引力。例如，一些旅游景区可以与艺术家合作，推出以当地文化为主题的艺术展览、演出等活动，使游客在欣赏美景的同时，也能领略深厚的文化内涵。艺术家还可以参与景区的设计和改造，将艺术作品融入景观之中，为游客带来更加丰富的视觉体验。

第二，文旅融合与体育领域的合作也将成为一种新趋势。体育作为一种具有广泛群众基础的活动，将为旅游带来更多的人气和活力。一些旅游景区可以举办体育赛事或活动，吸引体育爱好者前来参观和体验。同时，体育场馆和设施也可以成为旅游的新景点，为游客提供多样化的休闲方式。

第三，文旅融合与科技领域的合作将为旅游业带来新的发展机遇。随着科技的不断发展，越来越多的新技术被应用到旅游领域，如人工智能、大数据、物联网等。这些技术的应用不仅提升了旅游服务的智能化水平，也为游客提供了更加便捷、个性化的旅游体验。例如，通过大数据分析，可以精准地了解游客的需求和偏好，为游客提供更加贴心的服务；通过人工智能技术的应用，可以实现智能导游、智能推荐等功能，提升游客的游览体验。

4.可持续发展成为共识

随着全球化的深入推进和科技的迅猛发展，未来的文旅融合发展将呈现出更加丰富多彩的面貌。在这一过程中，可持续发展理念将发挥至关重要的作用，推动旅游业实现高质量发展，同时促进社会经济的可持续进步。

在未来的文旅融合发展中，注重可持续发展将成为行业共识。可持续发展不仅强调经济效益的提升，更关注生态环境和社会文化的保护。在旅游业的运营和管理过程中，将更加注重对自然资源的合理利用，减少对环境的负面影响。同时，通过推广绿色旅游、生态旅游等理念，引导游客关注环保、关爱自然，共同构建和谐的旅游生态。

保护和利用文化遗产资源也是未来文旅融合发展的重点方向。文化遗产是人类历史文化的瑰宝，具有丰富的历史、艺术和科学价值。在文旅融合的过程中，将充分挖掘和利用这些资源，通过举办文化展览、演出、节庆等活动，让游客深入了解和体验当地的历史文化。同时，通过加强文化遗产的保护和传承，促进文化的多样性和可持续发展。

（四）文旅融合的特色业态

文旅融合作为一种新兴的业态形式，将在未来的旅游业中发挥愈加重要的作用。其中，独具特色的文旅业态更是这一趋势的亮点所在。例如，特色民宿、文化体验游、乡村旅游、主题公园、夜游经济以及文化创意产业园等，都是极具特色的文旅业态。这些业态不仅丰富了旅游市场的多样性，还为游客提供了更加多元化、个性化的旅游体验。

特色民宿让游客能够深入体验当地的风土人情，感受家的温馨；文化体验游则通过让游客参与各种文化活动，了解并体验当地的历史文化；乡村旅游则让游客能够亲近自然，感受乡村的宁静与美好；主题公园则为游客提供了丰富多彩的娱乐项目，满足了不同年龄层次游客的需求；夜游经济则让城市的夜晚焕发出别样的魅力，吸引了众多游客的驻足；而文化创意产业园则是艺术与科技的结合，为游客呈现了一个充满创意与灵感的世界。

1. 特色民宿

在旅游业蓬勃发展的今天，民宿凭借其独特的魅力和优势，逐渐成为备受欢迎的旅游业态。特别是特色民宿，它们不仅为游客提供舒适的住宿环境，更通过精心设计的服务和体验，让游客有机会深入了解和感受当地的风土人情。

特色民宿之所以备受青睐，首先在于其独特的设计和装修风格。这些民宿往往结合当地的自然环境、历史文化和建筑风格，打造出别具一格的住宿空间。游客在入住的过程中，既可以享受舒适的环境，又能感受到浓厚的文化氛围和独特的审美体验。此外，特色民宿还注重为游客提供丰富的体验活动。游客可以在民宿中品尝到地道的美食，这些美食往往由当地居民亲手制作，不仅味道独特，还蕴含着丰富的文化内涵。同时，民宿还会组织一些互动交流活动，让游客有机会与当地居民深入交流，了解他们的生活方式和思维方式。在特色民宿中，游客还可以参与各种当地的传统活动和文化体验，如少数民族的节庆活动、民族歌舞表演等，感受浓郁的民族文化氛围。

2. 文化体验

在旅游需求日益多样化的今天，越来越多的游客不再满足于走马观花式的旅行方式，而是希望在旅途中深入了解并体验当地的艺术文化。这种对文化体验的深度需求，推动了文化体验业态的快速发展，为游客提供了丰富多样的艺术体验活动，让他们在旅行中沉浸于浓厚的艺术氛围之中。

文化体验业态的兴起，为游客提供了与以往截然不同的旅行体验。游客不再仅仅通过参观博物馆、艺术馆等方式间接地了解一个地方的艺术文化，而是可以通过参加各种艺术工作坊，亲身参与艺术创作，深入了解当地的艺术技艺和创作理念。此外，观看当地传统表演也是文化体验业态中的一大亮点，这些表演融合了当地的历史、民俗和艺术元素，以独特的方式展现了当地的文化特色。

与当地艺术家的交流互动也是文化体验业态中不可或缺的一部分。通过与艺术家的交流，游客可以更加深入地了解他们的创作思路和艺术追求，也可以从他们身上学到更多关于艺术的知识和技巧。例如，在西班牙的巴塞罗那，游客可以参观当地的艺术工作室，与艺术家面对面交流，了解他们的创作过程和艺术理念。这样的交流不仅让游客感受到艺术的温度，也让他们对艺术有了更加深刻的认识。

3. 乡村旅游

随着现代城市生活节奏的加快，人们面临的压力和焦虑也日益增大。在这样的背景下，乡村旅游逐渐成为许多人的首选，他们希望借此方式，寻求心灵的放松和回归自然的美好。乡村旅游业态凭借其独特的魅力和丰富的活动内容，吸引了越来越多的游客前来体验。

乡村旅游业态涵盖了多元化的活动形式，其中农家乐尤为受欢迎。农家乐不仅为游客提供舒适的住宿环境，还能让游客品尝到地道的农家美食。在农家乐中，游客可以亲自参与农家菜肴的制作，感受传统烹饪技艺的魅力。同时，农家乐周边的自然环境也是一大亮点，游客可以在优美的田园风光中漫步，享受大自然的宁静与和谐。果园采摘是乡村旅游的一大特色。游客们可以在果园中亲手采摘新鲜的水果，体验丰收的喜悦。这种亲身体验不仅让游客品尝到新鲜美味的水果，还让他们更加了解果树的生长过程和农业生产的艰辛。此外，农耕体验也是乡村旅游中的一项重要活动。游客们可以参与农耕劳作，亲手耕种土地、收割庄稼，感受传统农耕文化的乐趣。这种活动不仅让游客了解农业生产的过程，还让他们更加珍惜粮食和资源，增强环保意识。

乡村旅游的兴起，不仅为游客提供了一个放松身心、回归自然的好去处，也为乡村经济的发展注入了新的活力。通过乡村旅游，乡村地区的特色文化和自然风光得到了更好的展示和推广，吸引了更多的游客前来观光旅游，推动了当地经济的繁荣。

4. 主题公园

主题公园作为近年来备受瞩目的文旅业态之一，正以其独特的魅力和源源不断的创新力吸引着越来越多的游客。这些公园通过精心打造的主题场景和丰富多样的互动项目，为游客营造出一个充满奇幻、创意与欢乐的奇妙世界。在主题公园中，游客可以尽情享受惊险刺激的游乐设施带来的快感。无论是高耸入云的过山车、急速旋转的摩天轮，还是让人心跳加速的激流勇进，每一个项目都让人仿佛置身于一个充满冒险与挑战的奇幻世界。这些设施不仅考验着游客的勇气与胆识，更让他们在刺激中感受到无尽的欢乐与惊喜。

除了游乐设施外，主题公园的主题场景也是吸引游客的一大亮点。这些场景通常以某种特定的文化、历史或故事为背景，通过巧妙的布景、灯光和音效设计，让游客仿佛置身于一个真实的奇幻世界。例如，有的主题公园以神秘的古代文明为主题，通过逼真的建筑、雕塑和壁画，让游客感受古代文明的魅力；有的则以科幻未来为主题，通过高科技的装置和互动体验，让游客领略未来世界的无限可能。此外，主题公园还常常举办各种精彩纷呈的表演活动。这些活动既有传统的歌舞表演、杂技展示，也有现代的魔术表演、脱口秀等。这些表演不仅为游客带来了视觉和听觉上的享受，更通过幽默诙谐的表演形式，让游客在轻松愉快的氛围中感受到主题公园的独特魅力。

主题公园之所以能够成为备受瞩目的文旅业态，除了其独特的主题场景和丰富的互动项目外，还得益于其不断创新和完善的经营理念。这些乐园不断推陈出新，通过引入新的主题、设施和表演形式，为游客带来全新的体验和感受。同时，它们还注重提升服务质量和管理水平，为游客提供更加舒适、安全和便捷的游玩环境。

5. 夜游经济

近年来，夜游经济作为旅游产业的新亮点，逐渐崭露头角，成为推动旅游市场繁荣的重要力量。夜游经济通过举办丰富多彩的夜间文旅活动，为城市的夜晚注入了活力，使游客们能够在夜晚畅游美丽的景区，观赏璀璨夺目的灯光秀，参与热闹非凡的夜市活动，深刻感受城市的别样风情与独特魅力。

夜游经济的发展离不开城市规划与旅游产业的紧密结合。在城市规划方面，越来越多的城市开始注重夜间景观的打造，通过布置灯光装置、建设夜景观赏点等方式，为游客们呈现出一幅幅美丽的夜间画卷。这些夜间景观不仅点亮了城市的夜晚，也丰富了游客们的视觉体验，让他们在欣赏美景的同时，感受到城市的活力与魅力。在旅游产业方面，夜游经济的发展也推动了相关产业链的完善与升级。夜市、演艺、餐饮等产业与夜游经济紧密相连，共同为游客们提供了丰富多彩的夜间活动。夜市作为夜游经济的重要组成部分，聚集了各式各样的小吃和手工艺品，让游客们在品味美食的同时，还能领略当地的民俗文化。演艺活动通过精彩的表演和动听的音乐，为游客们带来一场场视听盛宴。而餐饮业则通过推出特色美食、延长营业时间等方式，满足了游客们夜间用餐的需求，为夜游经济的发展提供了有力支撑。

此外，夜游经济的发展还促进了城市的文化传承与创新。通过挖掘和展示城市的历史文化、民俗风情等资源，夜游经济让游客们更加深入地了解城市的文化底蕴和独特魅力。同时，夜游经济也为城市的文化产业带来了新的发展机遇，推动了文化产业的创新与发展。

6.文化创意产业园

文化创意产业园作为现代城市发展的重要组成部分，通常依托于具有深厚历史文化底蕴的遗址。这些遗址，有的曾是工业巨擘的辉煌见证，有的则是历史长河中的一段珍贵记忆，它们见证了时代的变迁和历史的沉淀。如今，通过保护性开发的策略，这些废弃的工业遗址或老旧建筑焕发出新的生机，转变为集文化、艺术、科技、休闲于一体的创意园区。

在这些产业园区中，各种风格的建筑交相辉映，既有古老的历史遗迹，也有充满现代感的创意空间。艺术家、设计师、创业者等人群纷纷聚集于此，他们用才华和热情共同构建出一个充满活力的文化生态圈。在这里，创意与灵感不断碰撞，诞生出无数令人瞩目的作品和成果。

游客们来到这些产业园区，不仅可以欣赏到各种艺术展览和创意作品，还可以参与各种文化活动。音乐节、戏剧节、手工艺大赛等丰富多彩的活动，让人们在享受文化盛宴的同时，也能感受到浓厚的艺术氛围。这些活动不仅丰富了人们的精神生活，也提升了产业园区的知名度和影响力。此外，产业园区还积极与周边社区进行互动和合作，共同推动区域的文化和经济发展。通过举办各种社区活动、推广本地文化等方式，产业园区不仅为周边居民提供了更多文化娱乐选择，也促进了区域经济的繁荣和发展。

二、"美食＋文旅"——旅游业的多元化发展

随着人们生活水平的提升和消费观念的转变，旅游已逐渐从单一的观光游览演化为集休闲、娱乐、文化体验于一体的综合性活动。

在这样的背景下，旅游业与其他产业的融合发展显得尤为重要。其中，美食与文旅的深度融合，不仅推动了餐饮行业的快速复苏，也为旅游业的发展注入了新的活力。美食作为旅游的重要组成部分，一直是吸引游客的关键因素之一。然而，传统的餐饮业往往只关注食品的质量和口味，而忽略了与旅游的有机结合。

（一）美食旅游概念的兴起

美食旅游是一种新兴的旅游形式，指游客到异地寻求审美和愉悦经历，以享受和体验美食为主体的具有社会和休闲等属性的旅游活动。美食旅游以"美食"为吸引物，让游客在旅游过程中品尝到各地的美味食品。这些旅游美食可以是便于携带的、轻便的新颖小食品，也可以是当地的风味大餐。美食是美食旅游不可或缺的一部分。

近年来，"美食＋文旅"模式逐渐兴起，越来越多的餐饮企业开始尝试将美食与旅游相结合，打造独具特色的餐饮文化体验。这种融合不仅有助于提升旅游业的整体竞争力，还能为游客带来更加丰富的旅游体验。在竞争激烈的旅游市场中，一个拥有独特美食文化的旅游目的地往往能够脱颖而出，吸引更多游客前来体验。这不仅提升了旅游目的地的知名度和美誉度，也为当地经济的发展注入了新的动力。

（二）美食旅游的特点

1. 区域性

中国地域辽阔，受地理条件、气候变化、政治经济情况、民族风俗及宗教信仰等因素影响，各地区、各民族的饮食文化独具特色、丰富多彩。"八大菜系"正是这些区域文化差异的集中体现，以其独特的烹饪技艺和风味各异的菜肴成为美食旅游的重要吸引点，是旅游资源中不可或缺的组成部分。这种旅游资源的区域性差异，促成了美食旅游者之间的空间流动，是人们选择出游以实现审美享受和愉悦体验的重要原因。

2. 原创性

尽管美食旅游具有鲜明的区域性特点，但美食本身确实具备在异地进行再造的潜力。然而，当美食旅游离开其原始地域，受到新的自然环境和人文环境的双重影响，旅游者在过程中品尝到的"美食"体验往往会与原产地产生差异。这种旅游资源的区域性特征，赋予了一国或一地区对其独特的垄断地位，使得简单的仿制难以与原始美食相媲美。为了满足市场需求，地方美食在离开其发源地后往往需要进行适应性的改良。这一做法在一定程度上影响了美食旅游者的体验，可能会导致其体验质量有所下降。例如，在北京这个全国各地人民汇聚之地，虽然可以品尝到众多具有不同地域特色的美食，但往往由于缺乏地域环境、周边环境与民族习俗的深厚依托，这些地域美食往往与其原产地有着一定的差别。因此，美食旅游的区域性特征不仅凸显了其独特性，也强调了美食旅游的原创性价值。

3. 民族性

美食旅游是文化与饮食的完美结合。不同国家和民族拥有独特的饮食传统，这些传统与民族文化相互交织、相互融合，形成了各具特色的美食文化。美食旅游不仅让游客品尝到美食的美味，更让他们深入了解不同民族的文化习俗和历史传统，从而增强了对旅游目的地的认同感和归属感。

4. 时代性

美食旅游具有鲜明的时代特征。随着时代的变迁和人们审美观念的变化，美食的评价标准和主题也随之改变。从改革开放初期追求新奇刺激的口味，到20世纪90年代关注营养滋补和健康饮食，再到非典疫情后绿色食品和当地美食的流行，美食旅游的主题和评价标准不断演变。这种时代性特点使得美食旅游更具吸引力和生命力。

5. 参与性

相比其他旅游类型，美食旅游具有更强的参与性。游客不仅可以通过品尝美食来体验旅游的乐趣，还可以参与美食的制作过程。例如，游客可以观看烹饪比赛、茶艺表演等活动，甚至可以亲自学习烹饪中华美食的技巧。这种亲身参与不仅增强了游客的体验感，还让他们对美食文化有了更深入的了解和认识。此外，美食旅游中的互动环节也增加了游客之间的交流和互动，使得整个旅游过程更加丰富多彩。

（三）美食文化与旅游行业的发展机遇与挑战

1. 美食文化与旅游行业的发展机遇

随着人们生活水平的提高，目前旅游业已成为人们生活中不可或缺的一部分。而与此同时，美食文化也在旅游业中扮演着举足轻重的角色。美食文化不仅满足了人们的味蕾需求，更成为一个地区的文化名片，在旅游业中发挥着重要的作用。美食旅游作为一种新兴的旅游形式，为旅游业带来了更多的机遇和挑战。

首先，文化旅游市场的扩大为美食文化的发展提供了广阔的空间。随着经济的发展和社会的进步，人们对文化生活的需求日益增长，文化旅游成为一种新的消费热点。游客可以参与美食文化的体验与探索，从而深化旅行的内涵，提高满意度。许多旅游者选择旅游目的地时，美食文化往往是他们的重要考量因素。例如，天水麻辣烫、淄博烧烤、四川麻婆豆腐等都成为各自地区的重要旅游资源，吸引了大量游客前来品尝。美食文化在旅游目的地中的吸引力，也为当地带来了更多的旅游收入。

其次，美食文化在旅游业中具有不可替代的作用，对地方经济产生了积极的影响。美食旅游不仅提高了旅游业务的盈利能力，为当地餐厅、酒吧、咖啡馆等带来了更多的商机，还促进了相关产业的发展，如农产品加工、食品制造等。此外，美食文化也促进了当地自然和人文景观的保护。例如，一些以葡萄酒和奶酪闻名的地区，在保护和传承这些美食文化的同时，也成功保护了当地的自然环境和文化遗产。

再次，旅游行业的创新也为美食文化的发展提供了新的机遇。随着旅游市场的不断发展和变化，传统的旅游产品和线路已难以满足游客的多样化需求。因此，结合美食文化，开发新的旅游产品和线路成为旅游行业创新的重要方向。例如，可以推出以美食为主题的美食文化节、旅游线路等，让游客在品尝美食的同时，深入了解当地的历史文化和风土人情。这样的旅游产品不仅能够吸引更多游客，还能够提升旅游行业的附加值和盈利能力。

最后，加强国际交流与合作是提升美食文化国际影响力的关键途径。美食文化作为一种跨越国界的交流方式，具有独特的魅力和价值。通过加强与其他国家和地区的美食文化交流与合作，可以互相借鉴和学习，共同推动美食文化的发展和创新。同时，还能够提升本国美食文化的国际知名度和影响力，为旅游行业的发展带来更多的机遇和挑战。

2. 美食文化与旅游行业的发展挑战

在当今社会，旅游目的地和美食文化市场的竞争日益激烈，给相关从业者带来了前所未有的挑战。为了在竞争激烈的市场中脱颖而出，需要不断创新和提升服务质量，以满足消费者日益多样化的需求。

第一，旅游目的地之间的竞争尤为激烈。随着人们生活水平的提高和旅游消费观念的转变，消费者对于旅游目的地的选择越来越挑剔。为了吸引更多游客，旅游目的地需要不断创新，打造独特的旅游产品和服务。例如，一些景区通过引入 VR 技术，让游客能够身临其境地感受自然风光和历史文化；还有一些地方推出了定制化旅游服务，根据游客的兴趣和需求，提供个性化的旅游方案。这些创新举措不仅提升了游客的旅游体验，也增强了旅游目的地的竞争力。

第二，美食文化市场也面临着激烈的竞争。全球化的发展使得各种美食文化相互交融，消费者对于美食的选择变得丰富多样。为了吸引食客，美食行业需要不断创新，提升菜品质量和服务水平。一些餐厅通过引入新食材、新口味和新的烹饪方式，打造出独具特色的菜品；还有一些餐厅注重营造舒适的就餐环境，提供优质的服务，让食客在品尝美食的同时也能享受到愉悦的就餐体验。

第三，旅游和美食文化行业在追求创新和提升服务质量的同时，也面临着成本控制的压力。这两个行业的成本包括人力成本、材料成本、运营成本等。为了控制成本并提高效益，相关从业者需要优化管理、提高运营效率。例如，通过引入先进的管理系统和技术手段，降低人力成本；通过合理采购和库存管理，降低材料成本；通过提高服务效率和质量，提升客户满意度和忠诚度，从而增加收益。

第四，环保问题也是旅游和美食文化行业需要关注的重要方面。旅游活动可能对自然生态造成破坏，产生大量垃圾；美食行业则可能产生厨余垃圾和废水等。因此，相关从业者需要注重环保，采取有效措施减少对环境的破坏。例如，推广绿色旅游、生态旅游等环保理念，引导游客文明旅游、减少垃圾产生；在美食行业方面，可以采用环保材料、减少厨余垃圾产生量、加强废水处理等措施，降低对环境的影响。

第五，安全问题也是旅游和美食文化行业不可忽视的重要方面。旅游活动中的交通安全、食品安全等，以及美食行业中的食品卫生问题，都需要得到严格把控。为了保障游客和食客的安全，相关从业者需要加强安全管理，制定严格的安全标准和操作规范，并加大监管和检查力度。同时，也需要增强员工的安全意识和应急处理能力，确保在发生突发情况时能够及时应对和处理。

（四）美食文化与旅游行业的政策建议

在当前经济快速发展和社会不断进步的背景下，美食文化与旅游行业的融合发展已成为一种必然趋势。为了推动这一融合发展的进程，政府应加强政策引导，从多方面入手，为美食文化与旅游行业的繁荣提供有力支持。

首先，政府应加大对美食文化与旅游行业的资金投入。通过设立专项资金、提供贷款优惠等方式，降低企业运营成本，激发市场活力。同时，政府应积极引导社会资本进入该领域，形成多元化的投资格局，为行业发展提供充足的资金来源。此外，政府还应设立奖励机制，对在美食文化与旅游行业融合发展中表现突出的企业进行表彰和奖励，以激励更多企业积极参与。

其次，政府应加强行业监管，规范市场秩序，保障消费者权益。

应制定和完善相关法律法规，明确行业标准和规范，并加大对市场的监管力度。同时，建立投诉举报机制，及时受理和处理消费者投诉，以维护市场秩序和公平竞争。此外，政府还应强化食品安全监管，确保食品质量和安全，为游客提供安全、放心的美食体验。

再次，政府应加强人才培养，提高行业从业人员的专业素质和技能水平。应加大对美食文化与旅游行业人才的培养力度，通过举办培训班、开设专业课程等方式，提高从业人员的专业素养和技能水平。同时，鼓励企业与高校合作，共同培养具备专业知识和实践能力的复合型人才，为行业发展提供坚实的人才保障。

最后，政府还应加强宣传推广，提升美食文化与旅游行业的知名度和影响力。可以通过举办美食文化节、旅游推广活动等方式，吸引更多游客前来品尝美食、欣赏美景。同时，利用互联网、新媒体等渠道，加强线上宣传和推广，让更多的人了解并关注美食文化与旅游行业的发展动态。

三、农文旅融合，促进乡村旅游发展

（一）政策协同

2024 年 2 月，农业农村部印发了《关于落实中共中央国务院关于学习运用"千村示范、万村整治"工程经验有力有效推进乡村全面振兴工作部署的实施意见》（以下简称《意见》），对"三农"重点工作作出具体安排，其中多处涉及文化和旅游。①《意见》还明确提出，要大力发展乡村特色产业。做精乡土特色产业。加强传统手工艺保护传承，发掘培育篾匠、铁匠、剪纸工等能工巧匠，促进传统工艺特色产业发展，创响"工艺牌""文化牌"等乡土品牌。《意见》还强调，要促进农村第一、二、三产业融合发展。加快农文旅融合。实施乡村文旅深度融合工程，推进乡村旅游集聚区（村）建设，培育生态旅游、森林康养、休闲露营等新业态，推进乡村民宿规范发展、提升品质。坚持农民唱主角，促进"村BA"、村超、村晚等群众性文体活动健康发展。②

党的十八大以来，乡村旅游已逐渐成长为万亿级收入规模的新兴产业。全国乡村旅游数据监测中心数据显示，2024年"五一"假期，全国乡村旅游接待总人次达1.72亿，实现乡村旅游总收入518.17亿元，分别同比增加8.9%和12.3%。乡村旅游蓬勃发展的缩影里，承载着人民群众对美好田园生活的向往，寄托着浓郁乡愁。③

———————

① 通化市旅游产业发展服务中心.农业农村部：促进农文旅融合［EB/OL］.（2024-02-28）［2024-06-05］.https://mp.weixin.qq.com/s/f-N7iqhq7cqpWCGHBlZakQ.

② 中国政府网.中共中央 国务院关于学习运用"千村示范、万村整治"工程经验有力有效推进乡村全面振兴的意见［EB/OL］.（2024-01-01）［2024-06-05］.https://www.gov.cn/gongbao/2024/issue_11186/202402/content_6934551.html.

③ 刘源隆，张欣.农文旅深融合　田园美乡村兴［N］.中国文化报，2024-05-14（01）.

（二）加强农文旅融合发展产业支撑

随着社会的快速发展，农业、文化和旅游业之间的融合已成为推动地方经济发展的重要引擎。为进一步加强农文旅融合发展的产业支撑，以下将从夯实产业发展基础、因地制宜凸显特色以及创新引领协同发展三个方面进行深入探讨。

1. 夯实产业发展基础

首先，加强农文旅融合发展的产业支撑，需夯实产业发展基础。这涵盖提升农业、文化和旅游业的基础设施建设，优化产业布局，提高产业竞争力。在农业方面，需强化农田水利、交通等基础设施建设，提升农业生产的科技含量和效益。在文化和旅游业方面，需完善景区、酒店、交通等旅游设施，提升服务质量，为游客提供更为优质的旅游体验。此外，应加大对农文旅融合发展的政策支持力度，制定相关优惠政策，吸引更多资本和人才投入；加强产业间的沟通与协作，打破行业壁垒，推动形成农业、文化和旅游业之间的良性互动循环。

2. 因地制宜凸显特色

农文旅融合发展需根据当地实际情况，因地制宜地凸显特色。不同地区的农业、文化和旅游资源各具特色，应根据这些特点制定符合当地实际的融合发展战略。例如，对于农业资源丰富的地区，可开发具有地域特色的农产品和深加工产品，将农产品转化为文化元素和旅游纪念品；对于文化底蕴深厚的地区，可挖掘当地的历史文化遗产和民俗文化，将其与旅游业相结合，打造独具特色的文化旅游产品。同时，应注重培育地方特色品牌，提升农文旅融合发展的知名度和影响力。通过举办特色节庆活动、推广地方文化等方式，吸引更多游客前来观光旅游，促进地方经济的发展。

例如，乡村还可实现文体旅商综合发展。2024 年 3 月 11 日，在十四届全国人大二次会议上，国家体育总局局长高志丹表示，文体旅商综合发展已成为乡村振兴、提振经济的重要手段。近年来，我国体育产业呈现持续发展的良好态势，2012 年以来，我国体育产业增加值年均增速 15.4%，2022 年全国体育产业总规模达到 3.3 万亿元，实现增加值 1.3 万亿元。国家体育总局积极推动体育与相关领域融合发展，培育体育产业新业态、新场景、新模式，体育赛事走进乡村、商圈，体育引流搭台、文旅项目唱戏，文体旅商综合发展成为乡村振兴和各地提振经济的重要手段。[①]

3. 创新引领协同发展

加强农文旅融合发展的产业支撑，必须注重创新引领协同发展。创新是推动产业发展的重要动力，应鼓励和支持农业、文化和旅游业之间进行创新性的融合发展尝试。具体来说，可通过技术创新提升农业、文化和旅游业的生产效率和服务质量；通过模式创新推动产业间的深度融合和协同发展；通过管理创新优化资源配置和运营

---

① 魏彪.国家体育总局局长高志丹：文体旅商综合发展成为乡村振兴、提振经济的重要手段［EB/OL］.（2024-03-11）［2024-04-18］. http://www.ctnews.com.cn/zt/content/ 2024-03/11/content_157584.html.

管理，提高产业的整体效益。同时，加强产学研合作，推动科研成果的转化和应用，通过搭建产学研合作平台，促进高校、科研机构和企业之间的深度合作，推动技术创新和人才培养，为农文旅融合发展提供强有力的智力支持。

（三）加强农文旅融合发展人才建设

首先，为推动农文旅融合发展，应出台一系列针对农村创业人才的扶持政策。这些政策需涵盖财政补贴、税收优惠、贷款优惠等方面，旨在为农村创业人才提供资金支持，降低创业风险。同时，应建立创业服务平台，提供创业指导、市场调研、法律咨询等全方位服务，帮助农村创业人才把握市场机遇，提高创业成功率。

其次，农文旅融合发展需要具备专业知识和技能的人才支撑。因此，应加大对相关专业人才的培养力度。通过开设相关专业的课程和培训，引进高水平师资力量，提升教学质量。同时，鼓励企业和社会组织积极参与人才培养，为农文旅融合发展输送更多优秀人才。

最后，加强农业农村人才服务保障是推动农文旅融合发展的重要措施。应建立健全农业农村人才服务体系，涵盖人才引进、培训、使用等环节。建立农业农村人才信息库，对各类人才进行分类管理，为相关部门和企业提供人才信息支持。同时，完善人才评价和激励机制，激发人才的积极性和创造力，为农文旅融合发展提供源源不断的动力。

（四）强化农文旅融合发展品牌效应

1. 积极搭建平台，持续扩大宣传效应

为强化农文旅融合发展的品牌效应，需积极搭建多层次平台，全面展示和宣传当地农文旅资源。这包括线上线下活动平台、媒体宣传平台及合作交流平台等。线上平台应充分发挥其作用，通过官方网站、社交媒体等渠道，及时发布农文旅融合发展的最新动态、政策解读及精品线路推荐，提高公众关注度。同时，运用大数据分析，实现精准推送，提升宣传效果。线下活动方面，可举办农文旅主题节庆、农产品展销会、乡村旅游文化节等，吸引游客实地体验，感受农文旅融合发展的魅力。媒体宣传亦不可或缺，通过报道活动，扩大社会影响力。此外，加强合作交流平台建设，与周边地区携手打造跨区域农文旅融合发展品牌，实现资源共享、互利共赢。通过举办论坛、研讨会等活动，汇聚业界专家和学者智慧，共同探索农文旅融合发展的路径和模式，推动产业持续健康发展。

2. 树立典型标杆，强化示范带动影响力

树立典型标杆在强化农文旅融合发展品牌效应中扮演着举足轻重的角色。为了发挥其示范效应，需要培育一系列具有鲜明地方特色的农文旅融合发展典型项目。这些项目不仅要深入挖掘当地独特的农文旅资源，还要巧妙结合地域特色和文化底蕴，打造出别具一

格、令人难忘的农文旅融合体验。

首先，需要对当地的农文旅资源进行全面的梳理和评估，找出那些具有开发潜力和市场吸引力的资源点。然后，结合当地的农业优势、乡村风光以及丰富的文化内涵，设计出一系列富有创意和特色的农文旅融合项目。这些项目应该能够让游客在亲身体验中，深刻感受到农文旅融合的独特魅力和无限可能。

其次，对于已经成功打造的典型标杆项目，需要加大宣传力度，让更多的人了解并学习其成功经验。通过媒体宣传、现场观摩、网络直播等多种方式，将这些项目的特色和亮点展现给广大游客和业界同仁。同时，还应举办经验分享会、培训班等活动，邀请这些项目的负责人和专家进行分享和交流，提炼和总结他们的成功模式，为其他地区和产业的农文旅融合发展提供借鉴和参考。

最后，为了鼓励更多的地区和产业积极投入农文旅融合发展，需要建立有效的激励机制。例如，可以设立专项资金用于支持优秀项目的建设和推广，为这些项目提供必要的资金保障。同时，对于那些在农文旅融合发展中取得显著成效的地区和产业，可以给予表彰和奖励，以激发他们的积极性和创造力。这样的激励机制将有效推动农文旅融合发展的深入进行，为乡村振兴和旅游业的发展注入新的活力和动力。

（五）推动农文旅融合发展的措施^①

当前，乡村农文旅高质量融合发展已成为助推乡村全面振兴和农村共同富裕的新引擎。这种发展模式以现代农业为基础，以旅游休闲为形式，以乡土文化为灵魂，旨在推动农业结构转型升级、提升乡村旅游的质量和效益，进而帮助农民增加收入，实现共同富裕。为全面推进乡村振兴，需从充分利用特色资源、整合农文旅要素入手，推动乡村产业发展壮大，让农民更多分享产业升级带来的增值收益。为了进一步推动农文旅融合发展，需在以下几个方面加大工作力度。

1.传承农耕文化，促进农文旅融合

农耕文化，作为中华文化的瑰宝，承载着深厚的文化底蕴。因此，我们必须坚定确立"怀念家乡、珍视乡土情感、振兴乡村"的工作宗旨，深入挖掘并充分利用农业自然资源、传统生产方式、耕作制度及民俗习惯等农业人文资源。我们应创新打造独具特色、别出心裁的农耕文化表演形式和沉浸式体验项目，以此传承和弘扬乡村文化，讲述淳朴的乡村故事，让游客在游览中深切感受家乡的乡音乡情。

此外，我们应积极利用村庄历史馆、农耕文化馆等场所，以及"共享农场""研学拓展"等教育基地，发展具有鲜明特色的农耕体

---

① 张志胜.推动农文旅融合发展的六个着力点［N］.中国旅游报，2024-02-23（03）.

验活动、农业观光项目、果蔬采摘活动、户外实地学习等农文旅项目。通过将文化旅游与农业旅游巧妙地融入自然景观之中，我们不仅能够让游客更全面地领略乡村之美，感受家乡的独特魅力，更能在传承和弘扬农耕文化的道路上，书写农文旅高质量融合发展的新篇章。

2. 保护和传承乡村特色文化

保护和传承乡村特色文化是农文旅融合发展的核心。这不仅有助于推动农村经济结构的转型升级，更为乡村特色文化拓展了更为广阔的发展空间，使乡村旅游的画卷愈发绚丽多姿。

为深入挖掘农文旅融合的发展潜力，我们应坚持"一镇一特色、一村一风韵"的原则，深入挖掘并传承乡村特色文化的内在价值，强调特色的凸显，努力构建具有独特个性特色的农文旅融合主题。例如，结合村庄的特色与居民的文化传统，实现特色文化、特色产业、生态环境和美丽景观的有机融合，推动各项事业的协同发展。同时，不断创新民俗村、乡村乐园、田园综合体等乡村文化旅游项目，打造多元化的发展格局。这种多样化的发展模式能够更好地满足不同游客群体的需求，推动农文旅行业稳健持续发展，进一步促进乡村产业升级和农民共同富裕目标的实现。

3. 弘扬红色文化，深化农文旅融合

乡村环境中蕴藏着丰富的红色文化资源，这些资源在引导乡村旅游发展中具有举足轻重的地位。以红色文化为引领，深入挖掘并阐释其时代价值，科学实施"红色旅游+"文旅产业规划，实现红色文化与特色农业、生态旅游的深度融合与协同发展，对

于全面推进乡村振兴事业具有重要意义，能够产生积极的农文旅效益。

2024 年 3 月，习近平总书记先后来到湖南省长沙、常德等地，深入学校、企业、历史文化街区、乡村等进行调研，并听取湖南省委和省政府工作汇报。习近平总书记强调："湖南要更好担负起新的文化使命，在建设中华民族现代文明中展现新作为。"并对保护好、运用好红色资源，探索文化和科技融合的有效机制，推进文化和旅游深度融合等作出重要指示。湖南省文化和旅游厅党组书记、厅长李爱武表示，湖南省文旅系统将把习近平总书记此次考察湖南的重要指示精神转化为建设文化强省、打造世界旅游目的地的生动实践。湖南省将充分发挥"十步之内必有芳草"的红色资源优势，持续推进长征国家文化公园（湖南段）建设，大力弘扬"半条被子""断肠明志"等革命精神，构建红色研学教育培训体系，推动红色基因代代相传，让红色文化在新时代焕发绚丽光彩。

在各地区推广的乡村旅游线路中，例如，各地按照"乡村旅游、红色驱动"思路推出的"踏寻足迹，传承红色基因之旅""感悟精神，缅怀先烈之旅""红色历史体验之旅"等乡村旅游线路，以及通过"听一节党课，温一遍党史，唱一首红歌"等红色教育项目，实现了红色文化的立体沉浸式体验，从而将红色文化的资源优势转化成为农文旅融合的新场景、新业态、新动能。这些活动不仅让游客在乡村旅游中获得新的感悟和体验，而且有效地促进了红色文化的传承与发展，为乡村农文旅融合发展注入了新的内涵和品质。通过充分利用乡村环境中的红色文化资源，实施科学的文旅产业规划，我们能够将红色文化的资源优势转化为农文旅融合的新格局、新模式、新动能，为乡村振兴事业贡献不竭的力量。

例如，科技美学引发红色旅游热。2019 年，贵州被赋予长征国家文化公园重点建设区的重任，贵州在长征国家文化公园建设中探索出以"红色文化＋科技呈现"的创新路径。比如，贵阳长征数字科技艺术馆"红飘带"场馆内的表演大多采用全域行浸式数字演艺方式，让人身临其境；遵义大型长征文化沉浸式演艺《伟大转折》剧目亦是贵州以科技赋能红色文旅的新尝试。据统计，贵阳长征数字科技艺术馆"红飘带"自 2023 年 10 月试运营以来已有超 10 万人次参观，《伟大转折》剧目以每天两场演出吸引着国内外游客前来。短短几个月，"红色文化＋科技呈现"的大剧开演，在贵州形成红色文化演艺的"双子星"格局。[①]

4. 致力于深入挖掘非遗项目

据相关数据统计，我国是目前世界上拥有非物质文化遗产数量最多的国家，其中 73% 以上的非遗项目保存在农村，与乡村生活紧密相连，与乡村发展息息相关。这些文化遗产大多源自农业时代的生产劳作与生活实践，与乡村的经济社会发展紧密交织。在全面推进乡村振兴、实现农民农村共同富裕的新时代征程中，我们必须紧密结合新时代的发展要求，推动乡村非物质文化遗产实现创造性转化与创新性发展。

通过建立以乡村非物质文化遗产为核心的原生态文化和艺术品

---

① 贵州省文化和旅游厅.贵州文旅助推新质生产力引领旅游新风尚［EB/OL］.（2024-03-29）［2024-04-19］. https://www.mct.gov.cn/whzx/qgwhxxlb/gz/202403/t20240329_951978.htm.

牌体系，将显著提升农文旅融合的可见性、影响力和吸引力。例如，将非物质文化遗产工坊、体验中心及传承基地融入乡村文化旅游线路，引导游客全程参与非物质文化遗产的制作过程，参与互动式的非遗展示与表演活动，使游客从单纯的观赏者转变为积极的参与者。此举不仅能让游客在轻松愉悦的氛围中深切感受非物质文化遗产的独特魅力，同时也能有效激发其消费意愿，为乡村产业振兴和农民农村共同富裕注入强劲动力。此外，对非遗产品进行适当的商品化包装，打造成为当地独具特色的代表性礼品，将有助于进一步推动旅游业的发展，提升农民收入水平，为乡村振兴贡献积极力量。

5.强化数智赋能，打造农文旅融合新引擎

随着数字乡村建设的加速推进，数字化和智能化技术正为农业、文化旅游的高质量融合发展注入新活力。这些先进技术的运用，不仅丰富了乡村的文化内涵，提升了农业的生产效率，更为乡村旅游带来了前所未有的发展机遇。

在数字乡村建设中，强化数智赋能尤为关键。通过运用大数据、物联网、人工智能等前沿技术，我们可以深入挖掘和整合乡村的农业资源、文化资源以及旅游资源，打造一个集农业、文化、旅游于一体的综合性发展平台。这样的平台不仅突出了农村社区中"农业"生态赋能的作用，使农民享受到更便捷、高效的农业生产方式，还通过"文化"品质的渗透，让乡村的文化特色得以更好地传承和发扬。同时，"旅游"人流聚集的作用也将进一步发挥，吸引更多游客前来感受乡村的独特魅力。

强化数智赋能不仅提升了农业、文化旅游融合发展的质量和效益，更为乡村带来了新的发展动力。通过创建新的农业、文化旅游融合发展生态系统和场景，我们可以将乡村的自然风光、人文景观以及特色农产品等资源进行数字化呈现和趣味化表达，吸引更多年轻人的关注和参与。这些年轻人不仅成为乡村文化和特色农业活动的积极参与者，还成为乡村发展的新生力量，为乡村注入新的活力和创意。此外，数智赋能还为农业、文化旅游融合发展走向中高端价值链提供了强大的数字智能支撑。通过技术手段，我们可以对乡村农产品进行精准营销和品牌打造，提升农产品的附加值和市场竞争力；同时，通过大数据分析等手段，深入了解游客需求和偏好，为乡村旅游提供更加个性化、精准化的服务。

6. 加强人才队伍建设，支撑农文旅有效融合

随着乡村振兴战略的深入推进，乡村旅游已成为推动农村经济转型升级、促进农民增收致富的重要渠道。然而，要实现乡村旅游的可持续发展，必须有一支既具备乡村旅游品牌建设能力，又对乡村文化有深入了解的高水平、高素质人才队伍作为支撑。这样的人才队伍将为农文旅深度融合提供源源不断的智力支持，推动乡村旅游产业的蓬勃发展。

首先，各地文旅部门应紧密结合当地实际需求，制定切实可行的人才引进与培养政策。对于本地的高素质文旅人才，应给予充分关注和支持，鼓励他们回乡创业，将先进的旅游理念和经营管理模式引入乡村，促进乡村旅游产业的创新发展。同时，通过具有吸引力的优惠政策，积极吸引外地文旅人才参与农文旅融合发展事业，为乡村注入新的活力和创意。

其次，加强乡村本土文旅人才的发掘与培养工作至关重要。乡村本土人才对当地文化、历史、风俗等有着深厚的了解和认识，是乡村旅游品牌建设的重要力量。因此，各地应加大对乡村本土文旅人才的培养力度，通过举办评选活动、设立奖励机制等方式，表彰在乡村文化和旅游领域作出突出贡献的人才，激发他们的积极性和创造力。同时，还应积极组织文旅领域的带头人和非物质文化遗产传承人参加培训，提高他们的专业技能和文化素养，为乡村旅游产业的可持续发展提供坚实的人才保障。

最后，为了进一步提高乡村旅游人才队伍的素质和能力，还应加强人才之间的交流与合作。可以定期组织乡村旅游人才参加各类培训、研讨会等活动，分享经验、交流心得，拓宽视野、增长见识。同时，鼓励人才之间建立合作关系，共同开发乡村旅游产品、推广乡村旅游品牌，形成合力推动乡村旅游产业的发展。

第三章

新质生产力带动下旅游业的
创新发展

第一节　技术创新在旅游业中的应用

2024 年 2 月 27—28 日，文化和旅游部技术创新中心建设交流活动在浙江宁波举办。

文化和旅游部技术创新中心建设工作是文化和旅游部落实党的二十大关于完善科技创新体系的战略部署，以及习近平总书记关于加强技术创新中心建设、布局未来产业、发展新质生产力、推动文旅高质量发展相关指示精神的重要举措。此次活动旨在加快推动技术创新中心建设，增进技术创新中心之间交流合作，加强管理部门和技术创新中心的沟通，及时发现和解决筹建中的缺项、漏项和问题，研究部署下一阶段工作安排。有关专家认为，技术创新中心的创立，标志着文化和旅游部着力推进多年的产业与科技融合进程，步入了实质性发展的快车道。此次活动的举办，对于推进中心建设工作，加快实施创新驱动发展战略，健全产学研用深度融合的技术创新体系，提升技术创新能力，支撑文化和旅游产业高质量发展将起到有力的推动作用。①

随着科技发展的日新月异和不断创新，旅游业作为服务业的关键支柱，正面临着前所未有的发展契机。技术创新作为推动旅

---

① 章璇. 文化和旅游部技术创新中心建设交流活动在浙江宁波举办［EB/OL］.（2024-02-28）［2024-04-18］. http://www.ctnews.com.cn/jujiao/content/2024-02/28/content_157080.html.

游业创新发展的核心引擎，正深刻重塑旅游业的形态、模式和服务品质，显著提升了旅游体验的便捷性和舒适性，为旅游业的创新发展注入了强大动力。本节将重点阐述技术创新在旅游业中的实际应用、深远影响，以及为旅游业的未来发展提供的宝贵启示和参考。

一、信息化技术的广泛应用

在旅游业中，信息化技术已成为推动行业发展的核心驱动力。随着大数据、人工智能、物联网、虚拟现实、区块链等前沿技术的迅速崛起，旅游业正迎来一场深刻的变革，逐步实现智能化、个性化的服务，为游客带来前所未有的旅行体验。

其中，大数据技术的广泛应用为旅游业带来了精准的数据洞察和决策支持，人工智能技术的运用则进一步提升了旅游服务的智能化水平，物联网技术的引入为旅游业带来了更加智能、便捷的设施和服务，虚拟现实技术则为游客带来了更加沉浸式的旅游体验，区块链技术的应用则为旅游业的信任和安全提供了有力保障。

（一）大数据技术在旅游业中的应用

在数字化时代，大数据技术的应用在各行各业中发挥着重要作用，而在旅游业中，其应用更是成为一大亮点。大数据技术以其强大的数据处理能力，为旅游业的创新发展注入了新的活力，推动着旅游企业不断满足游客日益增长的个性化需求。

首先，大数据技术的应用在旅游企业收集、分析和挖掘海量旅游数据方面发挥了关键作用。旅游企业可以通过各种渠道收集包括游客行为、偏好、消费习惯等在内的数据，并利用大数据技术对这些数据进行深度分析和挖掘，从而揭示数据背后的规律和趋势。这不仅有助于旅游企业更精准地把握游客的需求和偏好，还能为企业的决策提供有力支持。

其次，在了解游客需求偏好的基础上，旅游企业可以进一步优化景点资源的配置。通过大数据分析，企业可以精准地掌握不同景点在不同时间段的游客流量、游客喜好等信息，从而有针对性地调整景点资源的配置，确保游客在游览过程中能够享受到更加舒适、便捷的体验。同时，企业还可以根据游客的需求偏好，为游客提供个性化的服务，如定制化的旅游线路、特色化的旅游活动等，以提升游客的满意度和忠诚度。

最后，大数据技术还能帮助旅游企业优化资源配置，提高运营效率。通过对历史数据的分析，企业可以预测未来的游客流量和市场需求，从而提前做好资源配置和准备工作。这不仅可以减少资源的浪费和闲置，还能提高企业的运营效率和服务质量。在实际应用中，许多旅游企业已经开始运用大数据技术来优化业务运营。例如，一些在线旅游平台利用大数据技术分析用户的搜索记录、浏览行为等，为用户推荐符合其兴趣爱好的旅游线路和景点；一些景区则通过大数据分析来优化游客的游览路线和时间安排，提升游客的游览体验。这些实践不仅增强了企业的竞争力，也为游客带来了更加便捷、个性化的旅游体验。

（二）人工智能技术在旅游业中的应用

随着人工智能技术的迅猛发展，旅游业也迎来了前所未有的发展机遇。人工智能技术的广泛应用不仅为旅游企业提供了更加智能化的服务手段，还极大地提升了游客的旅游体验质量，为旅游业的可持续发展注入了新的活力。

在旅游服务方面，人工智能技术展现了巨大潜力。例如，智能语音导游利用语音识别和自然语言处理技术，能够实时为游客提供景点介绍、历史背景、文化特色等信息，使游客在游览过程中更加深入地了解景点内涵，增强了旅游的文化性和教育性。此外，智能推荐系统基于游客的兴趣、偏好和历史行为数据，能够精准地为游客推荐合适的旅游线路、酒店、餐饮等，让游客在旅途中享受到更加个性化的服务。

除了旅游服务，人工智能技术还在旅游安全管理和旅游交通管理等方面发挥了重要作用。通过大数据和人工智能技术的结合，旅游企业能够实时监控旅游目的地的安全状况，及时预警和处理安全隐患，保障游客的人身和财产安全。同时，在旅游交通管理方面，人工智能技术通过优化交通路线、提高交通效率，有效减少了交通拥堵和交通事故的发生，为游客提供了更加顺畅、安全的交通环境。

此外，人工智能技术的应用还推动了旅游业的创新发展。一些旅游企业开始利用虚拟现实技术为游客提供更加沉浸式的旅游体验，使游客仿佛置身于景点之中，感受到身临其境的震撼和美妙。同时，还有旅游企业开始探索智慧旅游，通过构建智慧旅游平台，为游客提供更加便捷、高效的旅游服务，如在线预订、智能导览、电子支付等，进一步提升了游客的满意度和忠诚度。

（三）物联网技术在旅游业中的应用

随着科技的飞速发展，物联网技术已逐渐渗透到各行各业，为众多领域带来了前所未有的变革。在蓬勃发展的旅游业中，物联网技术的应用更是为行业注入了新的活力，推动了旅游业的智能化、便捷化和个性化发展。

物联网技术的应用赋予了旅游企业景区内智能化管理的可能。通过物联网技术，企业可以实现对景区内各项资源的实时监控和智能调度，从而提升管理效率和服务水平。例如，借助物联网技术，企业可以构建智能导航系统，为游客提供精准、实时的路线规划，帮助他们快速找到目的地，避免走错路或迷路。此外，智能停车系统也能帮助游客迅速找到停车位，减少游客在景区内寻找停车位的烦恼。

物联网技术还能实现景区内的智能环境监测。通过布置传感器和监测设备，企业可以实时监测景区内的空气质量、温度、湿度等环境参数，确保游客在舒适的环境中游览。当环境参数超出安全范围时，系统会及时发出警报，提醒游客和管理人员采取相应措施，确保游客的安全和健康。

除了智能化管理，物联网技术也在旅游产品的开发和创新中发挥着重要作用。通过收集和分析游客的行为数据和需求信息，企业能够深入了解游客的喜好和需求，从而开发出更符合游客品位的旅游产品。例如，基于物联网技术的智能旅游设备能够为游客提供更加便捷、个性化的服务，如智能导游机器人、智能旅游手环等。这些设备不仅能够为游客提供丰富的旅游信息，还可以根据游客的需求提供个性化的服务和建议，使游客的旅程更加丰富多彩。

此外，物联网技术还在旅游营销和推广中发挥着重要作用。企业可以通过物联网技术收集和分析游客的行为数据，了解游客的消费习惯和偏好，从而制定更加精准的营销策略和推广方案。例如，企业可以根据游客的浏览记录和购买记录，为他们推送个性化的旅游信息和优惠活动，吸引更多游客前来游览和消费。

（四）虚拟现实技术在旅游业中的应用

近年来，随着科技的飞速发展，虚拟现实（VR）和增强现实（AR）技术逐渐走进人们的生活，为各行各业带来了革命性的变革。特别是在旅游业中，这两项技术的应用为游客提供了全新的互动体验方式，极大地丰富了旅游体验的内涵，同时也为旅游企业创造了更多的商业机会。

虚拟现实技术以其独特的沉浸式体验，让游客能够身临其境地感受旅游目的地的风景和文化氛围。通过佩戴 VR 设备，游客可以穿越时空，置身于异国他乡，感受那里的自然风光、历史遗迹和人文风情。这种体验方式不仅让游客在出行前就能对目的地有一个全面的了解，还能帮助他们在旅途中更好地融入当地文化，增强旅游的乐趣和满足感。例如，2024 年 3 月 21 日，由文化和旅游部产业发展司在石景山区首钢园主办了"数字赋能文旅场景建设行动——文化和旅游虚拟现实应用推广交流活动"。活动涵盖传统文化数字化、数字演艺、智慧旅游、展览展示、文物修复、网络直播等领域，覆盖内容制作、传播、营销、体验等产业链环节。企业代表和案例代表分享了文化、旅游与虚拟现实融合发展取得的亮点、成效和经验，围绕数字艺术赋能新体验、构建数字文旅新场景、人工智能创新、XR 网媒融合、3D 文旅应用、文物数字化、数字人发展、沉浸式文旅内容构建等主题，进行深入交流和研讨。本次活动旨在推动数字技术在文化和旅游领域应用，加强科技创新、文化创新和产业创新对接，打造数字技术应用新场景，发展数字化新产品新业态新模式，培育文娱旅游等新的消费增长点，发展新质生产力。此外，本次活动的举办，也标志着数字赋能文旅场景建设行动启动。数字赋能文旅场景建设行动聚焦文化和旅游数字化热点领域和重点方向，着力从供给侧和应用端发力，围绕虚拟现实、人工智能等主题举办系列活动，进一步加强政策引导、供需对接和经验推广，为数字中国建设贡献文旅力量。[1]

与此同时，增强现实技术则可以将虚拟信息与真实环境相结合，

---

[1]　黄高原 . 文化和旅游虚拟现实应用推广交流活动在京举办［EB/OL］.（2024-03-21）［2024-04-18］. http://www.ctnews.com.cn/jujiao/content/2024-03/21/content_158006.html.

为游客提供更加丰富、生动的旅游体验。例如，在参观博物馆或古迹时，游客可以通过 AR 设备看到虚拟的展品、历史场景或人物，与真实环境相互融合，形成一幅幅生动的画面。这种技术不仅让游客对历史文化有更深刻的理解，还能增强他们与景点的互动，提升旅游体验的质量。

除了提升游客的满意度和参与度，虚拟现实与增强现实技术还为旅游企业带来了更多的营销和盈利机会。通过运用这些技术，旅游企业可以打造独特的旅游产品和服务，吸引更多的游客前来体验。同时，这些技术还可以用于线上宣传和推广，通过展示虚拟的旅游场景和体验，激发游客的兴趣和购买欲望。此外，旅游企业还可以利用这些技术收集游客的行为和偏好数据，进行精准营销和个性化服务，提高营销效果和盈利能力。

当然，虚拟现实与增强现实技术在旅游业中的应用还面临着一些挑战和限制。例如，技术的成本较高，普及程度尚待提高；设备的便携性和舒适性也有待改进；同时，还需要加强技术的安全性和隐私保护等方面的工作。然而，随着科技的不断进步和成本的逐渐降低，相信这些问题都将得到逐步解决。

综上所述，虚拟现实和增强现实技术为旅游业带来了革命性的变革，不仅丰富了游客的旅游体验，也为旅游企业创造了更多的商业机会。随着技术的不断发展和完善，相信这些技术将在旅游业中发挥更加重要的作用，推动文旅产业不断创新，为文旅领域新质生产力发展提供坚实基础。

（五）区块链技术在旅游业中的应用

随着科技的飞速发展，区块链技术正逐步渗透到各行各业，其中旅游业亦不例外。区块链技术的独特性质，如去中心化、数据不可篡改等，为旅游业带来了前所未有的变革和机遇。以下将详细探讨区块链技术在旅游业中的深度应用，以期为行业发展提供有益的参考。

首先，了解区块链技术在旅游数据管理方面的应用。传统旅游行业的数据管理往往依赖于中心化的数据库，这些数据库可能存在安全风险、数据篡改等问题。而区块链技术的去中心化特点，使得旅游数据可以在多个节点上进行分布式存储，大大提高了数据的安全性和可信度。此外，区块链技术的不可篡改性也确保了旅游数据的真实性和完整性，为游客和企业提供了更加可靠的数据支持。

以旅游信用体系为例，通过引入区块链技术，旅游企业可以构建一个基于区块链的旅游信用体系。这个体系可以记录游客的旅游行为、评价等信息，并将其永久保存在区块链上。这样，游客的信用记录将变得公开、透明且不可篡改，为其他游客提供参考依据。同时，企业也可以根据游客的信用记录提供更加精准、个性化的服务，进一步提升游客满意度。

除了旅游数据管理，区块链技术还在旅游支付领域展现出巨大的潜力。传统的旅游支付方式可能存在支付烦琐、费用高等问题。而基于区块链技术的旅游支付方案可以实现快速、低成本的跨境支付，极大地提高了旅游行业的支付效率。此外，区块链技术还可以应用于旅游保险领域，为游客提供更加便捷、高效的保险服务，保障游客的旅行安全。

总之，区块链技术在旅游业中的应用为行业带来了诸多变革和机遇。它不仅提高了旅游数据的安全性和可信度，还促进了旅游支付和保险领域的创新。随着技术的不断发展和完善，相信区块链将在旅游业中发挥更加重要的作用，推动行业的持续进步。

二、旅游业数字化营销转型

（一）社交媒体营销

社交媒体已成为旅游企业推广产品和服务的关键平台。通过微博、微信、抖音等社交媒体平台，企业可以发布旅游资讯、分享旅游攻略、举办互动活动等，以吸引更多潜在游客的关注和参与。在旅游企业推广策略中，社交媒体营销的地位愈发重要，它成为企业吸引潜在游客、扩大品牌影响力的重要渠道。在这个数字化、信息化的时代，微博、微信、抖音等社交媒体平台已成为大众获取信息、分享经验、交流互动的重要场所，为旅游企业提供了广阔的营销空间。

首先，借助微博等社交媒体平台，旅游企业可以实时发布最新的旅游资讯，包括旅游线路、优惠活动、特色景点等，以吸引潜在游客的注意力。同时，企业还可以利用微博的话题功能，参与或创建与旅游相关的话题讨论，提高品牌的曝光度和知名度。

其次，微信作为一款功能强大的社交媒体应用，为旅游企业提供了更多样化的营销手段。企业可以通过微信公众号发布旅游攻略、景点介绍、旅游体验分享等内容，为潜在游客提供全面的旅游信息。此外，企业还可以利用微信小程序或微信支付等功能，提供预订服务、在线支付等便捷功能，从而优化用户体验。而抖音作为一款以短视频为主要内容的社交媒体平台，为旅游企业提供了展示旅游目的地独特魅力和风光的绝佳机会。企业可以通过制作精美的短视频，展示旅游景点的自然风光、人文景观以及特色美食等，以激发潜在游客的兴趣。同时，抖音的算法推荐机制也有助于企业的视频内容更好地触达目标受众。

最后，社交媒体营销还可以通过举办互动活动来增强用户参与感和黏性。例如，企业可以组织线上抽奖、征集旅游故事、举办旅游攻略大赛等活动，鼓励用户参与并分享自己的旅游体验。这些活动不仅可以提高品牌的知名度和美誉度，还能为企业带来更多潜在客户的关注和转化。

（二）营销手段

1. 移动营销

随着科技的飞速发展，智能手机已成为现代人生活中不可或缺的一部分。这一趋势不仅改变了人们的通信方式，更对各行各业产生了深远的影响，其中旅游业尤为显著。智能手机的普及使得移动营销在旅游业中的应用越来越广泛，为旅游企业带来了前所未有的机遇和挑战。

移动营销，即利用移动设备进行的营销活动。在旅游业中，移动营销为旅游企业搭建了与游客紧密联系的桥梁。通过开发移动应用程序，旅游企业可以为用户提供更加便捷的服务和个性化的推荐。这些应用程序不仅可以帮助游客查询旅游信息、预订酒店和机票，还能根据游客的兴趣和需求，为其量身定制行程。此外，应用程序还具备实时导航、景点介绍、美食推荐等功能，让游客在旅行过程中享受到更加贴心的服务。

除了开发移动应用程序，旅游企业还可以利用短信推送等方式进行移动营销。通过向游客发送定制化的短信，企业能够及时向游客传达最新的旅游信息、优惠活动以及个性化推荐。这种营销方式不仅针对性强、成本低廉，还能提高游客的参与度和满意度。

然而，移动营销并非一帆风顺。旅游企业在开展移动营销时，需要充分考虑游客的需求和习惯，避免过度打扰或侵犯用户隐私。同时，企业还需关注移动设备的兼容性和安全性问题，确保用户能够顺利使用应用程序，并保障其信息安全。只有这样，移动营销才能在旅游业中发挥更大的作用，为旅游企业带来更多的商业机会。

2. 数字化营销

随着社交媒体的普及，旅游企业利用微博、微信、抖音等平台，发布精美的图片、视频和旅游攻略，以吸引潜在游客的关注。这些新媒体平台不仅传播速度快、覆盖面广，还通过互动、分享等方式，让游客更深入地了解旅游产品，增强购买意愿。短视频和直播的兴起，为旅游企业提供了更加直观、生动的展示方式。通过短视频，企业可以展示旅游目的地的自然风光、人文景观和特色美食，让游客仿佛身临其境。而直播则能让游客实时了解旅游产品的真实情况，与主播进行互动交流，提高购买决策的准确性。

精准投放广告和优化搜索引擎排名，是数字化营销的重要手段。旅游企业通过分析游客的搜索习惯、兴趣爱好等信息，制定精准的投放策略，将广告精准推送给潜在游客。同时，通过优化搜索引擎排名，提高旅游产品的曝光率，让更多的游客能够找到并了解这些产品。

大数据分析工具的运用，为旅游企业提供了深入的市场洞察。通过收集和分析游客行为数据，企业可以了解游客的偏好、需求和行为模式，从而制定更加精准的营销策略。例如，根据游客的搜索历史和购买记录，企业可以推送个性化的旅游推荐，提高游客的满意度和忠诚度。

数字化营销手段的创新，不仅提升了旅游企业的营销效果，也为游客带来了更加便捷、丰富的旅游体验。游客可以通过社交媒体、短视频等平台获取旅游产品的详细信息，与旅游企业进行互动交流，提高旅游决策的准确性和满意度。同时，数字化营销手段也为游客提供了更加个性化的旅游推荐和服务，让旅游体验更加丰富多彩。

然而，数字化营销手段的创新也面临一些挑战和问题。例如，如何确保广告的真实性和可信度，避免虚假宣传和误导消费者；如何保护游客的个人隐私和数据安全，防止信息泄露和滥用等问题。

因此，旅游企业在探索数字化营销手段的同时，也需要注重合规经营和诚信经营，确保营销活动的合法性和道德性。

三、智慧旅游服务体系的构建

智慧旅游服务体系是近年来技术创新在旅游业中的一次重要革新，为游客提供了更为便捷、高效的旅游服务体验。随着信息技术的迅猛发展，智慧旅游平台、智慧旅游应用以及智慧旅游服务等形式层出不穷，为旅游业注入了新的活力。

首先，智慧旅游平台作为智慧旅游服务体系的核心，汇集了海量的旅游信息。游客只需在平台上输入目的地、旅行时间等关键信息，便能迅速获取丰富的旅游资讯。这些资讯包括景点介绍、交通线路、住宿推荐等，极大地便利了游客的行程规划。此外，智慧旅游平台还具备旅游产品预订功能，游客可以在线预订门票、酒店等，省去了排队等待的烦恼，让旅游更加轻松自在。

其次，智慧旅游应用凭借其个性化推荐和优惠折扣等功能受到游客的喜爱。这些应用通常基于大数据和人工智能技术，根据游客的兴趣、历史行为等信息，为其推荐合适的旅游线路、景点和活动。同时，应用还会为游客提供优惠折扣信息，让游客在享受旅游的同时，也能获得更多实惠。此外，智慧旅游服务还为游客提供了全方位的旅游体验。导览讲解服务是其中的重要内容，为游客提供详细的景点介绍、历史背景等信息，使游客能够更深入地了解旅游目的地。同时，安全保障服务也是智慧旅游服务不可或缺的一部分，为游客提供紧急救援、安全预警等服务，确保游客在旅游过程中的安全。

在智慧旅游服务体系的建设过程中，旅游业还注重与相关产业的融合发展。通过与交通、餐饮、购物等产业的合作，为游客提供一站式的旅游服务。这种跨产业的合作不仅丰富了旅游产品的内涵，也提升了旅游业的整体竞争力。

第二节　旅游业服务模式的创新与实践

随着科技的飞速发展和社会的不断进步，旅游业作为国民经济的重要支柱产业，其服务模式的创新与实践在新质生产力的推动下，正展现出前所未有的活力和潜力。本节旨在探讨新质生产力对旅游业服务模式的影响，并分析其在推动旅游业创新发展中的重要作用。

一、定制化旅游服务的兴起

随着消费者需求的多样化，传统的标准化旅游服务已难以满足广大游客的个性化需求。在这种背景下，定制化旅游服务应运而生，并逐渐成为一种新的服务模式。定制化旅游服务强调以游客为中心，旅游企业可以根据游客的个性化需求，为其量身定制旅游行程，提供专属的旅游体验。这种服务模式不仅满足了游客的个性化需求，还提高了旅游企业的服务质量和客户满意度。以下是定制化旅游服务的优势：

首先，定制化旅游服务能够根据游客的兴趣、偏好、预算等因素，为其打造独特的旅游体验。无论是探索神秘的自然风光，还是品味独特的地域文化，游客都能找到适合自己的旅游行程。

其次，定制化旅游服务注重细节和品质，为游客提供全方位的贴心服务。从行程规划、住宿安排、交通出行到景点游览，每一个环节都经过精心设计和优化，确保游客能够享受到高品质的旅游体验。

最后，定制化旅游服务能够根据游客的需求和反馈，及时调整和优化服务内容和方式。这种灵活性和适应性使得游客能够感受到更多的尊重和关怀，从而增强对旅游企业的信任和满意度。

二、体验式旅游的推广

体验式旅游是一种强调游客参与和互动的旅游方式。通过让游客深度参与旅游活动的策划与实施，体验式旅游使游客能够更深入地了解旅游目的地的文化和历史，从而增强游客的参与感和归属感。这种服务模式不仅能够提升游客的满意度和忠诚度，还能为旅游目的地带来显著的经济效益和社会效益。

在快节奏的现代生活中，旅游已成为许多人放松身心、寻求乐趣的重要方式。然而，传统的观光旅游往往只能让游客走马观花，难以真正领略旅游目的地的文化和历史。为了改变这一现状，体验式旅游逐渐崭露头角，并以其独特的魅力和优势成为旅游市场的新宠。

体验式旅游的核心在于游客的参与和互动。与传统的观光旅游不同，它鼓励游客亲身参与旅游活动的策划和实施。这种参与式的旅游方式让游客能够更深入地了解旅游目的地的风土人情、文化习俗和历史背景。在体验式旅游中，游客可以亲手制作当地的特色美食，参与当地的传统节庆活动，甚至与当地居民进行深入的交流。这种身临其境的体验让游客能够更真切地感受到旅游目的地的魅力，从而增强游客的参与感和归属感。

体验式旅游不仅让游客收获满满，同时也为旅游目的地带来了诸多益处。首先，它提升了游客的满意度和忠诚度。由于游客亲身参与了旅游活动，他们对旅游目的地的了解更加深入，对旅游体验的评价也会更加积极。这种积极的评价有助于游客向亲朋好友推荐该旅游目的地，吸引更多游客前来体验。其次，体验式旅游为旅游目的地带来了显著的经济效益。游客在参与旅游活动的过程中会产生更多的消费，如购买特色商品、品尝当地美食等，直接促进了旅游目的地的经济发展。此外，体验式旅游还能带动相关产业的发展，如酒店、餐饮、交通等，进一步推动旅游目的地的经济繁荣。

然而，体验式旅游的推广并非易事。首先，旅游目的地需要深入挖掘自身的文化和历史资源，设计出具有吸引力的体验式旅游项目。这需要投入大量的人力、物力和财力，对旅游目的地的资源进行合理规划和利用。其次，体验式旅游需要专业的导游和服务人员来引导和组织游客参与活动。这些人员需要具备丰富的知识和良好的服务意识，以确保游客能够获得愉快的旅游体验。此外，体验式旅游还需要完善的基础设施和配套服务来支持，如交通、住宿、餐饮等。这些都需要旅游目的地投入大量资金和资源进行建设和改善。

为了克服这些困难，政府、企业和相关机构需要共同努力，促进体验式旅游的推广和发展。政府可以出台相关政策，鼓励和支持旅游目的地开展体验式旅游项目，提供资金支持和税收优惠等措施。企业可以加强与旅游目的地的合作，共同开发具有特色的体验式旅游项目，提升旅游产品的品质和竞争力。相关机构可以加强培训和指导，提高导游和服务人员的专业素质和服务水平，为游客提供更加优质的旅游体验。

同时，体验式旅游也需要不断创新和完善。随着时代的发展和游客需求的变化，体验式旅游项目需要不断更新和升级。旅游目的地可以结合当地的特色和文化，开发出更多具有创意和吸引力的体验式旅游项目，以满足游客的多样化需求。

三、绿色旅游的发展

绿色旅游是一种以环保、低碳、可持续为核心理念的旅游方式。在旅游活动中，它注重保护环境、节约资源、减少污染，推动旅游业与生态环境的协调发展。通过发展绿色旅游，不仅可以提升旅游目的地的环境质量，还能吸引更多环保意识强的游客，进一步促进旅游业的可持续发展。

在当今社会，随着人们对环境保护意识的日益增强，绿色旅游逐渐崭露头角，成为旅游业发展的一个重要趋势。它强调在旅游过程中要充分考虑环境影响，尽可能减少对环境的破坏。这种旅游方式不仅有助于提升旅游目的地的环境质量，还能增强游客的环保意识，实现旅游业与生态环境的和谐共生。

绿色旅游的发展离不开政策的引导和支持。政府应出台相关政策，鼓励和支持绿色旅游的发展。例如，可以设立绿色旅游专项资金，用于支持绿色旅游项目的建设和运营；同时，制定绿色旅游标准，规范旅游企业和游客的行为，确保旅游活动符合环保要求。此外，政府还可以通过举办绿色旅游论坛、推广绿色旅游产品等方式，提高公众对绿色旅游的认识和参与度。

在旅游活动中，绿色旅游的理念应贯穿始终。旅游企业应积极采用环保技术和设备，减少旅游活动对环境的负面影响。例如，在景区内设置垃圾分类设施，引导游客进行垃圾分类；采用清洁能源交通工具，减少碳排放；推广绿色住宿方式，如使用节能灯具、节水器具等。同时，旅游企业还应加强员工培训，提高员工的环保意识和服务水平，确保游客在旅游过程中能够享受到舒适、安全、环保的旅游体验。

对于游客而言，参与绿色旅游也是一种责任和义务。游客在旅游过程中应自觉遵守环保规定，不乱扔垃圾、不随意破坏生态环境。同时，游客还可以选择绿色旅游产品，如低碳出行、生态住宿等，以实际行动支持绿色旅游的发展。此外，游客还可以通过社交媒体等渠道，分享自己的绿色旅游经历，引导更多人关注和参与绿色旅游。

绿色旅游的发展还需要社会各界的共同努力。媒体应加强对绿色旅游的宣传报道，提高公众对绿色旅游的认知度和参与度；学术界可以开展绿色旅游相关的研究，为绿色旅游的发展提供理论支持和政策建议；非政府组织可以发起绿色旅游公益活动，引导更多人关注和参与绿色旅游事业。

当然，绿色旅游的发展也面临一些挑战和困难。一方面，绿色旅游需要投入大量的资金和技术支持，这对一些经济欠发达的地区来说可能存在一定的困难。另一方面，由于绿色旅游的理念尚未完全深入人心，一些游客和旅游企业可能缺乏足够的环保意识，导致绿色旅游的发展受到一定的阻碍。

针对这些挑战和困难，我们可以采取一系列措施加以应对。首先，政府可以加大对绿色旅游的资金投入和技术支持，鼓励更多的企业和个人参与到绿色旅游事业中。其次，加强环保教育，提高公众对绿色旅游的认识和重视程度。通过举办环保知识讲座、开展环保主题活动等方式，让更多的人了解绿色旅游的重要性和意义。此外，还可以建立绿色旅游认证制度，对符合绿色旅游标准的景区和企业进行认证和奖励，激励更多的企业和个人积极参与到绿色旅游事业中。

第三节　新质生产力带动下旅游业创新发展的意义

一、旅游业的创新方向

2024 年 1 月 31 日，习近平总书记在主持中共中央政治局第十一次集体学习时强调，高质量发展需要新的生产力理论来指导，而新质生产力已经在实践中形成并展示出对高质量发展的强劲推动力、支撑力，需要从理论上进行总结、概括，用以指导新的发展实践。习近平总书记关于加快发展新质生产力，扎实推进高质量发展的重要论述为旅游业的高质量发展提供了重要指导。如何有效发展旅游业新质生产力，是业界需要深入思考和解决的课题。未来，可以从科技创新、制度创新、模式创新和结构创新四个维度出发，提升旅游业新质生产力，推动旅游业高质量发展。

（一）科技创新

科技的赋能可以显著提升旅游业发展中的信息传播和需求匹配效率，带来产品展示和创意方式方面的巨大变化。此外，科技的赋能还推动了旅游业向时空穿越和历史再现的愿景迈进，支持个性化需求并促进规模化市场发展，对特色化产品产生广泛和深远的影响。随着科技在旅游业中的核心地位逐渐凸显，相关政府部门也给予了高度关注。例如，工业和信息化部联合文化和旅游部发布的《关于加强 5G+ 智慧旅游协同创新发展的通知》以及国家数据局等 17 个部门共同制定的《"数据要素 ×"三年行动计划（2024—2026 年)》等政策文件，旨在进一步推动科技对旅游业的助力作用。特别是，通过突破数据壁垒，促进文化和旅游场所与公安、交通、气象、证照等相关部门之间的数据共享，将有力推动旅游治理体系和能力的提升，实现旅游供给的精准和高效，从而更好地满足市场需求，推动旅游业持续健康发展。[①]

新质生产力是由技术革命性突破、生产要素创新性配置、产业深度转型而催生的先进生产力。数字科技作为提升产业效率的关键，是培育新质生产力的重要力量。推动旅游业高质量发展，需要以数字科技为引领，从生产力、生产关系、劳动者三个维度入手，加快培育形成新质生产力。

首先，以创新为动力，加快形成新质生产力。生产力是推动社会进步最活跃、最革命的要素。新质生产力代表了先进生产力的演进方向，适应科技革命和产业变革发展要求，以创新为核心驱动力，能够引领创造强大的发展动能。以数据和科技创新为驱动，可以加速推动旅游业新质生产力的形成。

① 厉新建，霍蕙苓 . 加快培育新质生产力　促进旅游业高质量发展［N］. 中国旅游报，2024-02-06（03）.

一是数据创新驱动下的新发展动力。数据已成为推动经济发展的新生产要素。要以数字技术为依托，推动旅游业数据的生产、加工和转化，使之成为推动产业发展的新动力。旅游业数据资源的形成包括三个途径：文旅资源的数字化生产，将有形的文旅资源转变为无形的数字资源；旅游市场经营主体在运营、服务中所产生的数据资源；行政监管部门及相关机构在监管过程中形成的数据资源。基于旅游数据资源，结合市场需求，通过创意创新，可以形成数字旅游产品、数字服务内容、数字监管系统和平台，满足新消费需求，同时增强旅游业的发展动能。

二是科技创新驱动下的新发展模式。当前，人工智能、大数据、VR/AR/MR（虚拟现实/增强现实/混合现实）、区块链、互联网等科技与旅游行业深度融合趋势日益显著，已经或正在形成科技推动下的旅游发展新模式。这主要体现在基于文旅资源数字化而形成的数字文物、数字名画、数字建筑、数字风景等旅游内容生产模式；基于科技应用和需求对接而形成的数字文旅体验馆、数字博物馆、线上全景游、虚拟旅游、沉浸式体验空间、基于 VR/AR/MR 等技术的主题公园等旅游场景塑造模式；科技支持下的直播带货、短视频、自媒体图文视频等旅游营销新模式；以及基于数据生产而形成的旅游数据采集、数据分析、数据咨询、数据交易等新型旅游数据产品模式等。

其次，以改革为动力，优化形成新生产关系。生产力各要素高效率配置是形成新质生产力的重要条件。培育旅游业新质生产力需要高效处理好各生产要素间的关系，为旅游市场经营主体创造良好的发展环境。可通过以下几方面实现要素高效配置。

一是以制度变革推动旅游市场经营主体的活力释放。主动破解制约企业发展的相关制度性因素束缚，为企业发展营造良好环境。针对旅游企业发展中普遍遇到的土地、资金等问题，通过推动三规合一、鼓励闲置废弃土地利用、建立发展基金、信用金融等多种方式积极变革，探求更有效的便企政策。例如，各地积极探索以保险替代旅行社质量保证金，以企业信用评价结果作为增加或减少对企业日常性监管的依据等，都是主动破解制约经营主体发展活力的有益探索。同时，对于产业融合而形成的新业态监管、企业可持续发展所需要的土地等问题，也需要以变革的眼光积极破解。例如，针对入境旅游发展中制约游客来访和消费的签证、预订、支付等一系列障碍，积极探索制度变革和解决之道。2023年以来，我国扩大了与多国单向和双向免签政策的覆盖范围，对重要客源国，如新马泰等均实施了双向免签政策，取得了良好的效果。针对来华外国游客的支付和预订障碍等问题，通过完善境外卡POS机、优化境外游客移动支付功能、完善外币兑换点、简化线上购票程序、增加线下购票渠道等多种方式便利入境游客的出行，加速释放境外游客来华需求。

二是以要素配置方式改革促进旅游业生产效率的提升。要打破阻碍要素自由流动的体制机制，推动要素便捷流动、协作开发和高效利用。推动旅游业内、外部数据共享，建立旅游企业数据市场化交易和共享平台，充分发挥数据的生产要素功能，提升数据利用率和产出效益。推动旅游公共数据、行业监管数据的公开和共享，为旅游企业、游客获取相应数据提供便利，激励旅游企业和个体基于数据开展业态、产品和服务创新。推动旅游生产要素跨区域共享共建，逐步实现区域性、全国性旅游数据共享和自由流动。同时，加速推动全国旅游人才、资源的共享和自由流动，破除区域发展壁垒。

三是以发展为动力，培育形成优质劳动者。新质生产力的培育，需要充分调动和激发人的积极性、主动性和创造性。应积极培养新型劳动者，即能够熟练运用现代技术，适应先进设备，了解行业和市场需求及趋势，具备知识快速更新迭代能力的新型人才。为了推动高校人才培养模式的变革，应将专业设置与行业发展紧密结合，确保高校教学、学生培养与产业发展保持同步，以培养出更多产业实用型人才。同时，需要健全产学研协同育人机制，以培养符合学科交叉、产业融合发展趋势的复合型人才。此外，应加大对 MBA（工商管理硕士）、MTA（旅游管理硕士）等应用型人才的培养比例和力度，以培育更多熟悉产业发展规律、精通市场运作、掌握企业运营管理技能的创业创新型人才。通过常规性培训、定期培训、专业人才培养计划等多种方式，加强对旅游从业者的培训，提升其工作、服务技能，增强其对产业发展的认知和全局观，全面提升旅游从业者的素质。①

① 吴丽云，凌倩. 以数字科技赋能　加快培育新质生产力［N］. 中国旅游报，2024-03-19（03）.

（二）制度创新

新质生产力是由技术革命性突破、生产要素创新性配置、产业深度转型升级共同催生的当代先进生产力。为了更好地发展新质生产力，需要寻求科技创新之外的更多路径，其中制度创新至关重要。例如，推进文旅深度融合，必然涉及要素管理和开发利用之间的关系。因此，积极落实《"十四五"文化发展规划》中提出的"健全中央和地方旅游发展工作体制机制，完善文化和旅游融合发展体制机制，强化文化和旅游部门的行业管理职责"显得尤为重要。

2023年，我国旅游业展现出强劲的恢复发展势头。要实现入境市场的复苏并促使其进入良性、快速增长的轨道，必须从制度创新的角度出发，切实消除制约入境旅游发展的多重障碍，以此增强我国入境旅游的整体吸引力。

国家移民局提出的"进一步打通外籍人员来华经商、学习、旅游的相关堵点"，以及我国近期持续推出的单向和互免签证政策、与移动支付环境优化密切相关的金融制度调整等政策措施，极大地提升了外国人入境的便利性。这既充分体现了我国坚定扩大对外开放的决心，也必将极大地提振入境旅游市场发展的信心，有助于构建国内旅游、入境旅游、出境旅游协调发展的现代旅游市场体系，释放市场内在潜力，全面提升旅游业的新质生产力。

（三）模式创新

发展新质生产力需要新产业、新模式和新动能的支撑。在旅游业中，发展新质生产力要求我们重新审视传统的旅游要素逻辑、旅游投资逻辑和旅游发展逻辑。虽然近年来旅游行业涌现出不少现象级产品和业态，但这些新产品、新业态的规模尚不足以支撑整个旅游业的全面发展。

除了继续重视旅拍带来的景观空间沉浸式体验、演艺对文化资源的创新性呈现、民宿对乡村资源的高能级利用、街区对城市消费的集聚性引导等外，对于这些已有业态的动态发展和未来空间，需要未雨绸缪进行研判。在行业模式创新方面，更应积极探索，寻找新的发展方向。

发展旅游业新质生产力，需要积极推动从资源依赖型思维向业态创新型思维的转变。未来，旅游业的发展不能仅仅停留在资源层面，而应更加关注低设施依赖的业态和轻量化投资的项目。在城市更新和乡村振兴的大背景下，我们应积极拓展文旅融合之外的文体旅、文商旅、农文旅等融合发展新空间；从依赖垄断性资源向开发创新性产品转变，创新开发适配资源、形式多样、符合市场需求的多元玩法。因为"玩法才是内容"，只有不断创新玩法，才能吸引游客的参与式体验和沉浸式体验；"玩家就是生产力"，只有从平台思维出发，才能吸引更多玩家参与，鼓励他们探索新玩法，形成玩家带动大众的发展模式。在空间思维的引导下，我们将更多新玩法与旧资源有效结合，让有趣、好玩的业态在持续迭代的动态适应中为存量资源提供新动能，为增量资源开辟新的发展方向，为旅游业的高质量发展注入源源不断的活力。

（四）结构创新

新质生产力依赖于好资源的吸引力、好场景的诱惑力、好玩法的渗透力、好服务的黏着力、好机制的持续力，同时也需要好企业的竞争力。

为了发展旅游业的新质生产力，应采取包容性增长思维，积极鼓励小企业的发展，因为它们是最具活力的群体；同时，还应运用国际化发展思维，培育具有核心竞争力的大型企业，它们是不可或缺的实力担当。要清楚地意识到，旅游业新质生产力不可能是零敲碎打、单兵突进，而一定是在不断改善营商环境前提下，强基培优所形成的结构力、四链融合所形成的融合力、链主引导所形成的链化力等有力支撑下自然而然的结果。

文化和旅游部印发的《国内旅游提升计划（2023—2025年）》提出，要建设一批富有文化底蕴的世界级旅游景区和度假区。为了让这项工作在推动旅游业新质生产力发展中发挥关键作用，除了关注世界级资源外，更应注重世界级的体验设计，因为没有世界级的体验设计，很难形成世界级的影响力和形象。世界级的体验需要顶级的理念和一流的产品作为支撑。为了成为新质生产力的重要支撑，我们还需构建世界级的叙事能力，深入研究旅游发展过程中的叙事模式，充分利用数字化手段和平台，探索旅游叙事的新渠道、新方法。

有了世界级的叙事能力，才能真正把中国故事讲给世界听，通过旅游传播的中国声音才能被世界听见、听清、听懂。只有这样，世界级的旅游景区和度假区才能真正做到"近者悦，远者来"，才能在"以国内大循环为主体、国内国际双循环相互促进"的新发展格局中不断释放更大价值。①

二、创新推动旅游业转型升级

在 2024 年全国两会期间，习近平总书记参加江苏代表团审议时强调，要牢牢把握高质量发展这个首要任务，因地制宜发展新质生产力。3 月 20 日，在湖南长沙主持召开的新时代推动中部地区崛起座谈会上，习近平总书记再次强调，要以科技创新引领产业创新，积极培育和发展新质生产力。3 月 26 日，2024 年全国文化和旅游产业发展工作会议上也强调，要进一步发挥文化和旅游产业在稳增长、扩内需中的重要作用，推动文化和旅游产业成为发展新质生产力的重要动能和实现高质量发展的重要着力点。

全国文化和旅游系统深入贯彻落实习近平总书记关于发展新质

---

① 厉新建，霍蕙苓.加快培育新质生产力　促进旅游业高质量发展［N］.中国旅游报，2024-02-06（03）.

生产力的重要论述，深刻理解新质生产力的特点、关键和本质，以科技创新和绿色发展为引领，重塑传统业态生产过程，积极培育布局新兴产业、未来产业，为高质量发展不断塑造新优势。

（一）新兴产业加速布局

新质生产力作为先进生产力的质态，摆脱了传统经济增长方式，展现出高科技、高效能、高质量的特征。在文旅领域，受到"科技+"等多元因素的驱动，以主题沉浸、感官营造、虚拟再造等为代表的新兴产业和未来产业正成为行业的新焦点。多地因地制宜、精准布局，以新型生产要素推动文旅领域的深刻变革。

2024年初，《浙江省人民政府办公厅关于加快人工智能产业发展的指导意见》（简称《意见》）发布，旨在打造全球重要的人工智能产业发展新高地。为推动生产力整体跃升，浙江省设定了明确目标：到2027年，培育千亿级人工智能融合产业集群10个、省级创新应用先导区15个、特色产业园区100个，人工智能企业数量超过3000家，总营业收入突破1万亿元。该《意见》还明确了推动人工智能与文化体育、游戏动漫、影音视频等领域的融合应用，建设智慧图书馆、智慧校园、未来社区（乡村）等，加速创新场景赋能，助力社会智能化发展。

例如，近年来，上海市积极抢占文旅新赛道，培育壮大网络视听、电子竞技、数字动漫、智慧文博等新业态，推出了一系列沉浸式科幻体验示范项目，打造成为年轻人喜爱、人人都向往的"人文之城""创新之城"。根据《上海市打造文旅元宇宙新赛道行动方案（2023—2025 年）》，上海市将在沉浸影音、沉浸计算等关键技术领域打造新高地。在一系列举措的推动下，上海"文旅＋科技"的场景日益增多，产业新增长点不断涌现。

（二）数智推动发展

新质生产力推动了信息化、智慧化的快速发展，催生了新业态、新经济，并通过大幅提升全要素生产率，同步优化了文化旅游管理服务效率，深刻地改变了人们的休闲选择和生活方式。

数智化手段显著提高了行业效率。当前，社交媒体已成为大众旅游决策的主要平台，旅游消费逐渐呈现追求个性、注重体验的分级趋势。在广东，依托前沿科技打造的展览展示、夜游场景等已逐渐成为旅游的核心吸引物。近日，由广州利亚德励丰文化打造的励丰文化展示中心正式开放。在展演融合体验区，借助数字技术与场景复原，岭南建筑、童谣、粤语、粤剧等元素"活"了起来、"智"了起来、"动"了起来；景点业态体验区由"创想廊""未来之境""光遇森林"三大主题空间构成，通过新媒体视听手段，让观众仿佛身临其境，感受实景娱乐的魅力。

近年来，陕西旅游集团向数字化科技型文旅企业转型，重点建设数字基建、数字运营、数字体验等，已基本完成科技产业生态体系建设。这不仅拓展了文旅新空间、新场景，也在管理服务优化方面进行了全新探索。"目前，集团以业务中台、数据中台、数字媒体中台为核心，完成智慧景区建设；打造的'陕旅嗨GO'数字营销新平台2023年共计开播1万场，商品交易总额突破1.2亿元。"陕西旅游集团党委书记、董事长周冰表示，2024年集团将继续加大科技研发投入，培育新质生产力，打造经济强引擎，更好添彩群众美好生活。[①]

三、传统旅游业态的转型升级

近年来，中国旅游景区正经历着深刻的转型与升级，具体表现为由单一型景区逐步向全域型景区转变，旅游行为从传统的观光型逐步演进为休闲度假型，旅游管理由粗放型向专业化转变，旅游投资也从依赖财政经费向市场化转变。在这一背景下，景区升级已成为大势所趋，刻不容缓。那么，传统景区应如何推进旅游景区升级，实现游客数量的大幅增长和质量提升？对此，笔者从以下几个方面进行总结和探讨。

（一）打造旅游核心吸引力

在景区策划设计的过程中，需要充分考虑满足游客需求的具体观赏、游乐和体验方式，进行专门的游憩方式设计。游憩方式涵盖

---

① 孙丛丛，周传人，韩洁，等.培育新质生产力　添彩群众美好生活［N］.中国文化报，2024-04-02（07）.

游线组织、旅游景点、休憩节点、游乐和娱乐等方面。一旦确定了游憩方式，它将转化为具体项目和游线规划，成为景区内涵的具体体现。景区重新定位的核心目标是打造核心吸引力，而要实现这一目标，关键在于景点规划设计的专业水平。在规划设计时，应注重主题的明确、内涵的丰富、文化的传承、特色的突出，以及与环境的协调统一。针对游客在景点长时间停留的情况，应合理设置观赏、休息、饮食和卫生间等配套设施。同时，建筑体量需控制在适度范围内，确保建筑间距宽敞，留出足够的游览空间，并保证建筑的尺度、造型和色调与周围环境相协调。

1. 重点挖掘与开发特色旅游资源

旅游景区主题策划应深入挖掘旅游目的地的资源特色，不仅关注自然资源的独特性，更要发掘和整理抽象的人文要素。在策划过程中，应从整体上突出旅游资源的特色。对景区内旅游资源状况的分析，需从资源类型、品位、数量与规模以及不同类型的旅游资源分布与组合等方面进行。不仅要对景区内旅游资源进行深入调查和客观评价，还要与周边地区进行横向对比，挖掘出具有特色的资源进行重点开发。

2. 从实际出发找准主题定位

当前，中国休闲旅游市场中消费者高端化趋势上升，旅游市场正在向更高品质、更个性化的方向发展。因此，主题定位应紧密围绕这一市场趋势，以符合市场需求、满足消费者需求为出发点。高端餐饮、运动健身、养生度假、医疗疗养等主题以及趣味休闲、自然养生、观光体验等主题都具有良好的发展前景。

3. 了解旅游市场需求，发展特色文旅产品

随着游客消费需求的不断变化，旅游产品需要不断创新以满足游客的新需求。旅游资源的开发也应以市场需求为导向，这是由旅游产品的商品性质决定的。因此，旅游景区规划必须进行准确而细化的市场定位，以客源市场的现实和潜在需求为导向，去发现、挖掘、评价、筛选和开发旅游资源，提炼旅游景区开发主题，设计、制作和组合旅游产品，推向旅游市场。

（二）挖掘、打造文旅超级 IP

文旅 IP 的打造已成为文旅目的地的流量引擎。如今，越来越多的年轻人在选择旅游目的地时，更加关注该景点的 IP，甚至将其作为打卡拍照的主要目的。无论是到北京打卡长城，到西安打卡兵马俑，还是到迪士尼打卡美丽的城堡，这些现象都充分说明了文旅 IP 的重要性。

IP 文化是文旅融合的重要抓手。"以游客为核心，以本土文化为灵感"，通过打造旅游景区的独特 IP，形成了一种新的时尚和潮流。这种 IP 不仅为旅游目的地与游客之间的交流开辟了新的通道，还激活了目的地的文化并为其赋予了新的内涵。文化旅游景区的 IP 构建是一个系统化的庞大工程，优秀的 IP 应具备以下十大特征：主题性、形象性、独特性、故事性、引爆性、互动性、延展性、符号性、创新性、系统性。

根据地方的具体条件，因地制宜地打造出具有差异化体验的旅

游产业，让旅游产业进一步升华为景区文化的符号，这是文化旅游项目 IP 成长的必经之路。只要创造的 IP 符合当地情况，不盲目跟风模仿，创新 IP 就能成为旅游景区升级的一个突破口。

IP 是独一无二的，其独特的魅力吸引着客流。IP 本身也自带流量，涵盖了常规的主题定位、产业植入、项目体系、旅游形象、宣传口号等多个方面，这些元素相互关联、相互促进。要对 IP 进行精细化运营，将其深入游客内心，产生文化认同感，实现游客与 IP 的紧密联系，才能最终实现 IP 的价值。例如，2023 年热播的电视剧《长月烬明》一夜之间让安徽省蚌埠市声名远扬。剧中桑酒与冥夜的爱情故事与蚌埠有着深厚的联系，使得众多喜欢剧中人物的网友纷纷来到蚌埠旅游，打卡拍照，只为"偶遇"桑酒和冥夜。这是一个典型的案例，展示了优质 IP 如何带动一座城市的旅游热潮。

（三）创意推动景区产品设计

旅游产品，作为吸引游客的核心要素和旅游景区服务的重要组成部分，其设计在旅游景区规划开发中占据着举足轻重的地位。一个成功的旅游产品不仅是商品的展现，更是文化与艺术的融合，是连接旅游者与目的地情感的桥梁。优秀的文创产品，不仅要具备实用功能，更要深度挖掘和传达目的地的精神文化内涵，使游客在体验中感受文化的魅力和归属感。因此，在旅游产品规划设计时，我们必须重视以下五个原则。

第一，市场性原则。这一原则强调以旅游市场的需求为导向，确保旅游产品的设计、生产、促销及效益分析能够形成一个一体化的开发体系。通过深入市场调研，了解游客的喜好和需求，从而设计出更符合市场需求的旅游产品，提高产品的市场竞争力和销售额。

第二，特色性原则。旅游产品的特色性是吸引游客的重要因素之一。在品种、外观、材质和工艺等方面，旅游产品应体现浓郁的地方或民族特色，最好是独一无二，能够充分展现旅游目的地的环境、历史和文化。这样的产品不仅具有独特性，还能增强游客对目的地的记忆和认同感。

第三，观赏性原则。游客在旅途中购买的特色产品往往希望具有纪念意义，成为他们不平凡经历和体验的载体。因此，旅游产品应具有纪念性和观赏性，设计精巧、造型独特，能够成为家中精美的艺术摆设。这样的产品不仅具有实用价值，还能满足游客的审美需求，提升他们的旅游体验。

第四，便携性原则。考虑到游客在旅途中的携带需求，旅游纪念品和日用品的体积应尽可能小，重量要轻，包装要精巧。这样的设计不仅方便游客携带，还能减少旅途中的负担，使游客更加轻松愉快地享受旅行。

第五，宣传性原则。游客购买的旅游纪念品或带有纪念性的日用品往往成为某旅游地形象的载体，甚至成为该地的旅游标志物。这些产品在向亲友和宾客展示时，实际上又成为旅游宣传品。因此，在旅游产品规划设计时，我们应注重产品的宣传效果，通过巧妙的设计和精美的包装，使产品成为旅游目的地的形象代表和宣传媒介。

（四）运用数字文旅技术，推动智能＋系统建立

文旅景区正站在智慧化转型的浪潮前沿。面对日益激烈的市场竞争和游客需求的升级，景区规划必须与时俱进，积极引入数字化技术，以提升景区服务水平，为游客带来更为便捷、丰富和满意的旅游体验。

具体来说，文旅景区可以通过以下几个方面来逐步实现智慧化升级。

首先，通过建设景区 APP、微信公众号等数字化平台，为游客提供一站式服务。游客可以实时查询景区信息，包括开放时间、门票价格、景点介绍等；同时，这些平台还具备导航功能，帮助游客快速找到目的地；此外，游客还可以享受语音讲解、虚拟导览等互动体验，使游览过程更加生动有趣。

其次，景区可以利用智能导览、AR/VR 展示等先进技术提升服务水平。智能导览系统可以根据游客的位置和兴趣，为他们提供个性化的游览建议；而 AR/VR 技术则可以让游客在虚拟空间中体验景区的美景，为游客带来沉浸式的游览体验。

再次，在安全管理方面，景区可以引入数字化技术手段，加强安防监控和预警系统。通过安装高清摄像头、人脸识别系统等设备，景区可以实时监控游客流量和行为，及时发现并处理各种安全隐患；

同时，景区还可以建立紧急救援机制，确保游客在遇到危险时能够得到及时救助。此外，景区还可以利用数字营销手段提升知名度和曝光率。通过搜索引擎优化、社交媒体推广等方式，景区可以吸引更多潜在游客的关注；同时，景区还可以利用大数据分析技术，了解游客的兴趣和需求，制定更加精准的营销策略，提高游客的忠诚度和满意度。

最后，景区可以利用人工智能、大数据等技术为游客提供个性化服务。通过收集和分析游客的行为数据，景区可以了解游客的兴趣、偏好和需求，为他们推荐适合的景点、路线、餐厅等；同时，景区还可以为游客提供定制化的旅游方案，让游客在享受个性化服务的同时，感受到景区的独特魅力。

（五）"夜经济"模式，推动景区文旅消费

国内众多旅游景区正积极探索各具特色、富有吸引力的"夜经济"模式。在不同时空背景下，通过融合餐饮、购物、商务、休闲、娱乐、演艺、住宿、表演、灯光秀、网红直播等多种业态，景区打造出了多样化的商业消费活动，形成了别具一格的"夜经济"IP，成为吸引游客的引流利器。

旅游景区"夜经济"主要以游客消费为核心，通过多元化的业态模式，将游客流量转化为景区消费，从而创造更大的商业价值。这种模式对提升店铺人流量、提高住宿率、增加旅游购物、延长娱乐休闲时间、带动周边就业、拉动餐饮消费、促进文化交流以及繁

荣地方经济等都具有重要作用。

例如，经典景区周庄的夜经济发展之路。周庄巧妙地运用光影科技和艺术设计，点亮了湖湾、水巷、小桥、老街、古宅和名刹，通过情景演绎和文创灯光将夜间体验精心串联，形成了《夜渔》《夜戏》《夜画》《夜囍》《夜宴》《夜禅》《夜月》《夜泊》八大特色打卡产品。此外，周庄还设置了"桨声灯影，船游周庄"的水上游线，将这些特色产品串联起来。同时，周庄积极推广"夜周庄"网红打卡点，如花巷雨巷和鱼池岸光影水巷，以沉浸式巷弄光影打造出多个唯美场景，让游客仿佛步入戴望舒笔下的雨巷，走进繁花似锦、如梦似幻的花巷，甚至穿越至"大鱼海棠"中的平行世界。这些举措不仅拓展了古镇的"毛细血管"，还形成了"穿街走巷，悠游周庄"的新游线体验。

在山东济南大明湖景区，旅游演艺"泉城夜宴·明湖秀"通过升降亭台、投影激光等先进技术手段，生动展现了济南的历史与文化故事。这一项目不仅打响了"泉城夜游"的品牌，也为周边酒店、游船、餐饮等产业带来了显著的附加值。

而在山东博物馆，通过打造"智慧鲁博—山东博物馆智慧化管理服务平台"，该馆在公共服务、藏品管理等方面实现了进一步的优化和提升，为大众带来了"永不落幕的展览"的体验。

从景区智慧化到"互联网＋演艺"，从元宇宙现实落地场景到博物馆沉浸式游览项目，在科技创新带来产业变革的同时，山东进一步强化文化元素在旅游产品中的融合渗透，通过文旅在更大范围内、更深层次上的融合，带动产业内部优化升级和关联业态协同发展。①

　　传统旅游景区夜间消费活动过去主要以餐饮、购物和大众化室内娱乐为主。然而，随着旅游景区消费客群、消费形态和消费环境的变化，旅游景区"夜经济"正涌现出更多新业态、新场景、新产品，展现出更加休闲化、娱乐化、网红化、多元化的商业格局。为了满足年轻游客对新型旅游服务的需求，旅游景区夜游产品需要不断整合、创新、升级。

① 孙丛丛. 山东：向"新"而行　文旅动能澎湃［N］. 中国文化报，2024-04-02（07）.

第四章

案例分析：新质生产力带动下的旅游业高质量发展实践

第一节　国内典型案例

从 2023 年开始，电子商务平台上陆续出现了"进淄赶烤""贵州村超""哈尔滨冰雪旅游"等新的网络热词，引发了广泛关注和热议。而到了 2024 年，"天水麻辣烫"更是席卷而来，其迅速走红的速度令人瞩目。这种旅游消费新现象正在不断演变和扩展，为中国旅游产业带来了新的增长动力。随着"消费传奇"的不断涌现，人们不禁好奇下一个网红城市将花落谁家？对于即将崛起的网红城市，究竟需要做好哪些准备？如何解锁"流量经济"的奥秘？本节将结合淄博、榕江、哈尔滨和天水等新兴网红城市的特征，深入剖析城市走红的内在逻辑，探讨"流量经济"对文化旅游发展的积极作用，以期推动文化旅游消费迅速增长，为产业发展注入新活力。

一、网红城市特征分析

（一）产品独特

淄博、榕江、哈尔滨、天水等网红城市的崛起，均离不开其独具特色的地方娱乐活动或美食。乡村足球联赛、冰雪旅游、烧烤和麻辣烫等文化符号，成为它们融入地方特色、打造独特城市名片的关键元素。这些城市借助短视频等新兴媒体进行传播，以娱乐活动和美食为核心，深度融合当地文化元素，形成了引人注目的城市形象。以淄博为例，城市依托创新风味和独特饮食文化，打造了极具个性的烧烤文化，同时结合其老工业城市的历史底蕴，营造出了浓厚的烟火氛围，呈现出独具魅力的城市风貌；而榕江则将足球赛事与民族村寨紧密结合，展示了独特的民族体育文化，树立了热情朴实的城市形象。

（二）"高性价比"

一些新兴网红城市在互联网媒体上之前并不为人熟知，在旅游市场上的知名度也相对较低。例如，这些城市在成为热门目的地之前，榕江的微信搜索指数仅为 200 多万次，而天水的微信搜索指数也仅有 400 多万次，与上海高达 5 亿次的搜索指数相比，可以说差距非常明显。[①] 然而，正是因为这些城市为二线城市，其消费水平和商品价格相对亲民，因此这些城市具备了独特的"高性价比"优势。例如，淄博烧烤和东北菜以量大实惠而著称，与传统旅游城市的价格虚高相比，这些城市的"高性价比"特点更加凸显了它们的"亲民"形象。

---

① 刘民坤，梁连健，刘晓怡.破解"流量经济"密码 实现文旅消费爆发增长［N］.中国旅游报，2024-04-09（06）.

（三）网络口碑好、流量大

这些备受关注的网红城市在爆红前都针对特定的目标群体进行宣传。例如，淄博主要瞄准了在校大学生的喜好，榕江则吸引了足球运动爱好者的关注，而哈尔滨则成功受到了南方游客的追捧。这些城市为了迎合特定受众，制定了精准的营销策略，成功培养了一批忠实的城市粉丝群体，并积极维护着在线口碑的良好形象。一旦这些城市成为网红，其在网络上的流量将会快速增长，并呈现出明显的周期性特征。根据微信搜索数据显示，这些城市一旦曝光，微信上的搜索量会急剧攀升，并在接下来的一个月左右达到高峰，搜索量可能飙升至原先的 10 倍甚至 400 倍。以淄博为例，当淄博烧烤在 2023 年 3 月成为热门搜索话题后，其微信搜索量从原本的 3000 万次增长至 1.7 亿次，随后逐步回落，整个火爆周期持续了一个多月的时间。[①]

（四）各行业广泛参与

传统上，旅游城市形象的构建主要依赖于政府官方宣传，但这种传播方式往往缺乏广泛的参与性和互动性。如今，旅游形象构建已经转变为全民参与、全社会共建的新模式。淄博、榕

---

① 刘民坤，梁连健，刘晓怡.破解"流量经济"密码　实现文旅消费爆发增长［N］.中国旅游报，2024-04-09（06）.

江、哈尔滨、天水等网红城市的成功出圈，离不开各行各业的广泛参与。例如，交通引导员、网络博主、铁路记者等，都在自己的工作岗位上通过一言一行为城市代言，成为民间旅游推荐官；天水当地市民和商家也积极配合政府部门，为游客提供优质的服务。

现如今，在这些城市中，不仅有政府和官方媒体的参与，更有来自社会各界的积极参与者。他们可能是普通的市民，也可能是职业博主、媒体从业者等。这些参与者都通过各自的方式，为所在城市的旅游形象和声誉发声，共同推动旅游业的繁荣发展。在哈尔滨，我们可以看到交通引导员以言行展现城市的热情；在天水，市民和商家的热情服务让游客感受到家的温暖。这种全民参与和多维互动已经成为推动城市旅游形象建设发展的新动力。

二、"流量经济与文旅"新型消费占主导

在当前消费市场环境中，流量经济与文化旅游产业的深度融合正逐渐成为引领消费潮流的重要力量。这种融合不仅推动了旅游业的蓬勃发展，还为消费者带来了更加多元和丰富的文化体验与旅游选择。例如，2024年新年伊始，"广西小砂糖橘勇闯东北"游学之旅引起较大市场反响，广西壮族自治区文化和旅游厅第一时间回应广大网友喊话，邀请全国游客到广西旅游，收到了"引客入桂""桂品出乡"的显著成效。南宁市文化广电和旅游局也迅速行动，赴哈

尔滨、长春等地开展宣传促销活动，吸引了一波流量，引发了一波"旅行潮"，南宁春节假期旅游订单量同比增长近 11 倍。[①]

（一）流量经济的定义与特点

流量经济是一个网络流行语，本意是指在经济领域中各种依靠经济要素或生产物的流动而带来经济效益与发展的经济存在形态的总称。流量经济分两种存在形态：一种是站在某一区域（包括国家或地区）发展的视野，以区域自身相应的平台或条件吸引外埠的物资、资金、人力、技术、商人、信息等经济发展要素向区域内集聚，通过各种资源要素在区域内的重组，提升式的有限期滞留，借助式的经过等，来促进和带动区域内发展，再通过区域内的资源要素向外埠的输出、流动等，既使本区域得到发展，又带动和服务外区域的经济发展所产生的经济现象。另一种是站在区域（包括国家或地区）与区域之间发展的全方位视野，通过推动和促进经济要素或生产物的相互流动，因经济要素或生产物重组、互补等产生经济效益，从而使各区域间有机协同发展所产生的经济现象。[②]

在互联网时代，流量经济作为一种新的经济形态，是蕴含用户各类底层需求的注意力经济，它依托于互联网"流量"产生经济效益。流量经济的背后是互联网技术迭代驱动的信息效率提升。

① 邝伟楠. 专家研讨流量经济与文旅新型消费［EB/OL］.（2024-04-10）［2024-04-18］. http://www.ctnews.com.cn/dongtai/content/2024-04/10/content_158838.html.

② 孙希有. 流量经济新论——基于中国"一带一路"战略的理论视野［M］. 中国社会科学出版社，2015.

流量经济的特点主要包括：低成本获客、流量变现能力强、流量价值最大化、促进资源要素合理配置、推动社会经济发展、加速地区崛起、具有分布式的结构特征，以连接、流动、组合为运行特征以及显著的增值效应。

（二）"流量经济与文旅"的融合

随着旅游业的持续繁荣，流量经济与文旅产业的融合愈发紧密，共同推动行业向更高层次发展。这种融合不仅为消费者带来了更加丰富多样的旅游体验，也为文旅企业带来了更多的商业机会和发展空间。这种结合主要体现在以下几个方面。

1. 文旅 IP 的流量化

在当今旅游业蓬勃发展的背景下，文化资源的创意转化已成为推动旅游产业升级的重要驱动力。通过深入挖掘和精心策划，文旅 IP（知识产权）不仅极大地丰富和完善了旅游产品的内涵与价值，还赋予了它们独特的文化魅力和市场竞争力。这些文旅 IP 承载着丰富的历史、传统和地域特色，以创新的方式转化为旅游产品，如主题公园、文化演出、特色民宿等。这些产品不仅满足了游客对旅游的基本需求，更让他们在旅行中深刻感受到了文化的魅力和深度。更为重要的是，这些具有独特文化内涵的 IP 通过互联网的传播，迅速扩散至千家万户。社交媒体、短视频平台、在线旅游网站等渠道，成为这些 IP 的展示窗口和传播媒介。游客们通过浏览、分享、讨论这些 IP，不仅加深了对它们的认知，更激发了他们的参与热情。

在这样的背景下，文旅 IP 形成了庞大的流量，这些流量不仅带来了经济效益的提升，更促进了文化的传播和交流。越来越多的游客被这些 IP 吸引，前来亲身体验、感受其中的文化韵味。他们在旅行中不仅享受了美好的时光，更在无形中成为文化的传播者，将这份独特的文化魅力带回了家乡，传递给了更多的人。

2. 精准营销与消费者细分

在数字化时代，流量经济为文旅产业带来了前所未有的机遇，使其能够更精准地把握消费者的需求和偏好。随着互联网和大数据技术的不断发展，文旅企业可以通过各种在线平台收集和分析消费者的行为数据，从而深入洞察消费者的内心世界，了解他们的旅游偏好、消费习惯以及个性化需求。基于这些消费者数据的深入分析，文旅企业能够更准确地把握市场动态，及时调整和优化产品和服务。例如，企业可以根据消费者的搜索记录、浏览历史和购买行为，推出符合其感兴趣的旅游线路、主题活动和特色商品。这种精准营销策略不仅提高了营销效果，还提升了消费者的满意度和忠诚度。

同时，消费者也能够从流量经济中受益。在庞大的旅游信息海洋中，消费者可以通过各种在线平台轻松获取自己感兴趣的旅游信息，如景点介绍、旅游攻略、用户评价等。这些信息不仅帮助消费者更全面地了解旅游产品，还让他们能够根据自己的兴趣和需求，选择适合自己的旅游产品。例如，喜欢探险的游客可以选择具有挑战性的户外线路，而追求舒适的游客则可以选择享受型的高端酒店。

3. 创新消费模式与体验

流量经济与文旅产业的深度融合，正推动旅游行业向新型消费模式转型。这种转型不仅极大地丰富了消费者的旅游体验，也为文旅企业开辟了更多的商业机会和发展空间。

首先，流量经济使消费者能够通过线上平台轻松预订旅游产品、参与旅游活动。这些平台提供了丰富的旅游信息和多样化的预订选项，让消费者能够根据个人喜好和需求，随时随地选择心仪的旅游产品。无论是机票、酒店、景点门票，还是特色旅游线路、旅游保险等，消费者都能通过线上平台一键完成预订，省去了烦琐的线下咨询和排队等待的时间，享受更加便捷、高效的旅游体验。其次，线上平台还提供了丰富的用户评价和互动功能，消费者可以查看其他游客的评价和分享，了解旅游产品的真实情况，从而做出更明智的选择。一些线上平台还提供了旅游定制服务，消费者可以根据个人需求定制专属的旅游线路，享受更加个性化、定制化的旅游体验。

对于文旅企业来说，流量经济同样带来了丰富的商业机会和发展空间。通过线上线下的融合，文旅企业能够为消费者提供更为全面、深入的旅游服务。例如，企业可以通过线上平台收集和分析消费者的行为数据，洞察消费者的需求和偏好，从而推出更符合市场趋势的产品和服务。同时，企业可以利用线上平台进行品牌推广和营销，扩大品牌知名度，吸引更多的潜在客户。

此外，文旅企业还可以借助线上平台提供增值服务，如在线导游、语音导览、虚拟旅游等，让消费者在旅游过程中享受到更加便捷、智能的服务。这些增值服务不仅能够提升消费者的旅游体验，还能够为企业带来额外的收益，进一步拓宽其盈利渠道。

三、"流量经济"的密码解析

（一）主打"小而精"产品，触发全网关注

精心打造独特吸引力是城市提升知名度的关键。在数字经济时代，流量成了一种宝贵的资源。通过精心定位、巧妙设计和精心呈现的"小而精"旅游产品，往往能够精准地触动游客对新奇事物的偏好，从而吸引他们的目光。从体验经济的角度来看，"小而精"产品以其独特的玩法和强烈的体验感，满足了游客个性化、情感化的需求。例如，淄博市通过技术指导、服务升级和产业扶持，成功将烧烤品牌打造得独具特色，提升了城市知名度和影响力。

（二）强化精准营销，助推流量裂变

"花式宠游客"不仅是城市流量规模扩张的重要手段，也是精准营销策略的生动体现。网红城市会精准锁定流量主体，敏锐捕捉游客需求，制定有针对性的宣传策略，提供充满惊喜的服务。同时，它们准确把握游客消费"理性化"的趋势，注重性价比，持续吸引更多流量。例如，哈尔滨为南方游客量身定制新品，淄博和天水推出美食专线迎合特定游客群体。这种个性化服务使游客体验到

贵宾般的待遇，激发了他们的分享欲望，推动了正面网络口碑的传播。

（三）深化温情互动，满足情绪价值

网红城市持续吸引流量的秘诀在于通过主客之间的线上线下互动实现情感价值。城市采取全面动员措施，各部门协同合作，为游客提供全方位服务，以真诚的态度消除陌生感，满足游客对沉浸式体验的需求，从而提供丰富的情感体验。同时，东道主在线上积极与游客互动，政府迅速响应游客需求，满足游客的社交需求，加快情感体验在网络平台上的传播速度。例如，哈尔滨太平国际机场通过创意"快闪"活动欢迎外地游客，地铁系统成为游客的"摆渡工具"，市民自发提供免费载客服务等，这些措施促进了主客双方之间多样化且充满温情的互动，引发了网络热议，将游客的情感体验推向了高潮。

（四）优化产业生态，承接流量变现

完善的产业生态是实现流量变现的重要基础。当前，新兴网红城市面临的一个挑战是服务业承载能力与旅游者流量聚集之间的不匹配。为了解决这一问题，网红城市正在通过制定产业规划和提供政策支持，快速发展"文旅+"产业生态系统，同时积极培育直播产业和自媒体产业，以适应市场变革和满足游客多样化需求，从而

更有效地将"流量"转化为"留量"。例如，榕江县已经成功培育了
超过 1.2 万个短视频账号和 2200 余个地方网络直播市场营销团队，
利用"村超"流量推动相关产业的发展。

四、实现文旅消费爆发增长的建议

面对"流量经济"发展的新趋势，传统旅游城市面临着一系列
挑战，如旅游产品琐碎且缺乏特色，吸引力不足；旅游营销手段更
新缓慢，口碑建设滞后；产业参与者缺乏凝聚力，整体发展氛围不
浓厚；不同产业间互动不足，难以将流量转化为实际收益。因此，
传统旅游城市可以借鉴新兴网红城市打破传统模式的成功经验，从
以下四个方面进行创新，推动文旅消费实现快速增长。

（一）打造旅游服务精品，擦亮城市文旅品牌

首先，应积极推动并支持培育一批精品旅游项目。这些项目应
围绕当地具有代表性的农副产品、工业产品以及非物质文化遗产
文创产品展开，同时结合当地独特的地域文化特色，深入挖掘并
打造一系列"小而美"的特色旅游项目。其次，应构建覆盖全域
的、相互衔接的旅游线路网络，形成如珠串般连贯、精品不断的
旅游体验。借助文化旅游行业中国有企业的力量与资源，积极邀
请具有核心资源的企业及其运营者共同参与，合力打造一系列贯

穿全域、环环相扣的精品主题线路产品。最后，应着力打造具有网红效应的城市形象。抓住各地文旅大会等机遇，发挥地区资源优势，集聚各方关注度，助力城市在文旅大会期间获得更广泛的知名度和关注度。

（二）加快"旅游＋互联网"联动，拥抱文旅新质生产力

首先，应进一步完善城市旅游精准营销体系，构建定向性和精准性更强的新媒体营销生态。引导直播、自媒体等多种新媒体产业与地方文旅独特资源相结合，开展更具主题性和针对性的宣传活动。同时，结合城市特定目标客源市场，制定更为精准的营销策略。其次，应打造更具互动性的文旅产品，借鉴类似西安"盛唐密盒"等创新网络互动型旅游产品的成功经验，结合当地文化特色，开发更具吸引力和互动性的产品，以满足游客不断增长的社交需求。最后，应加强旅游智慧营销能力，优化旅游大数据平台的智慧营销功能，加强对流量资源数据的分析和监控，以便更快速地响应网络舆论和旅游市场需求，提高流量转化率，实现更好的市场效益。

（三）调动全社会参与，营造主客共享空间

首先，需要推动文旅全域化保障。为了更明确地界定文旅、交通以及市场监管等部门的职责，应改进综合治理机制，确保整体性和统筹性的提升。其次，可引入"文旅体验官"制度。通过邀请游客担任体验官，能有效促进全方位的体验监督，显著提升旅游服务质量。另外，应该鼓励公众参与。为了培养市民的"主人翁"精神，

建立更完善的文旅志愿服务平台至关重要，这能够进一步激励市民积极参与文旅市场监督和游客服务，从而全面提升城市文化的包容性和共享性。

（四）构建产业跨界联动机制，助推文旅消费升级

首先，应当着力完善"文化与旅游"产业的紧密联动机制。在文旅消费场景中积极引入当地特色旅游商品，如农副产品、工业制品、非物质文化遗产文创产品等，全面挖掘本土产业的独特优势，提升"文化与旅游"产业的价值链，增加文旅产品的附加价值，从而提高文旅消费的性价比，为消费者带来更优质的体验。其次，还应积极推动文旅产业在不同地域之间形成良性互动与联动。可以借鉴南北地区间"双向互动"的合作模式，加强区域之间文旅交流，推动游客与特色产品的跨区域互通，深化文旅的跨地域合作，打造更具活力与吸引力的文旅产业生态系统。最后，应深入推进"文旅+"区域合作。充分发挥区域之间资源互补合作的潜力，以文旅合作为纽带，开拓合作领域，推动相关产业的蓬勃发展和跨区域合作，激发市场活力，释放区域消费的巨大潜能，为地区经济社会发展注入新的活力与动力。①

---

① 刘民坤，梁连健，刘晓怡，等.破解"流量经济"密码 实现文旅消费爆发增长［EB/OL］.（2024-04-09）［2024-04-18］. http://www.ctnews.com.cn/guandian/content/2024-04/09/content_158730.html.

五、经典案例介绍

以下是淄博、榕江、哈尔滨、天水等爆火"出圈"的城市案例。

【案例1】淄博烧烤，怎么就"出圈"了[①]

2023年3月，淄博烧烤凭借"烤炉+小饼+蘸料"的独特组合在社交媒体上迅速走红，吸引了大批游客组团前往品尝。得益于济南至淄博高铁的便捷性，最快仅需22分钟即可到达，淄博火车站客流量激增，创下近三年新高，其中绝大多数为品尝烧烤的游客。那么，淄博烧烤究竟为何能够走红，引发如此广泛的关注呢？

一、淄博烧烤的"出圈"之路

淄博历史悠久，是中国历史上"战国七雄"之一齐国的都城，也是齐文化的发祥地。同时，淄博还是中国最早的工业城市之一，拥有丰富的工业文化底蕴。虽然淄博烧烤的确切起源难以考证，但据传，它起源于清朝乾隆年间的一个叫"周记"的小摊贩。他在淄博城南门外的马路边上，首创了用豆腐皮包裹、炭火烤制羊肉串的方法，并以此赢得了当地人的喜爱和口碑。后来，这种独特的烤肉方式逐渐流传开来，形成了淄博独特的烧烤文化。

淄博烧烤的爆火并非一蹴而就，而是经过多次网络传播逐渐累积的结果。最初关于淄博烧烤的热潮，可能要得益于社交媒体上的"种

---

① 陈淑莲.淄博烧烤，怎么就"出圈"了［EB/OL］.（2023-03-20）［2024-05-29］.https://baijiahao.baidu.com/s?id=1760859401641787038&wfr=spider&for=pc.

草"效应。抖音上一位名叫"Mr_木"的博主发布的"淄博烧烤的正确吃法"视频获得了大量点赞和转发，引发了网友们的关注和追捧。随后，"大学生组团到淄博吃烧烤"的话题在热搜榜上持续发酵，搜索量超过 500 万次。与此同时，淄博当地的烧烤店也积极利用社交媒体宣传自己的特色烧烤，吸引了众多网友的目光。这些烧烤店纷纷展示自己的独特风味和烧烤技巧，激发了更多人的兴趣和好奇心。

淄博烧烤与其他地方的烧烤有所不同，它保留了独立小炉纯炭有烟烧烤的传统方式。在淄博烧烤中，每桌都会标配一个小火炉，服务员将七八分熟的烤串送到桌上后，顾客需要自己再加工。这种互动式的烧烤方式让顾客能够亲自动手体验烧烤的乐趣，同时也增加了烧烤的风味。此外，淄博烧烤还注重食材的新鲜和蘸料的独特调配，使得每一口都充满了独特的口感和风味。

自 2023 年 3 月份以来，淄博当地的"烧烤"关键词搜索量同比上年增长超过 370%；"淄博烧烤"关键词在全平台的搜索量则同比增长超过 770%。作为夜宵的首选，"烧烤"成为当地深夜订单量最高的品类，而 20 岁到 30 岁的年轻群体则是烧烤消费的主力军，占比超过 50%。

淄博的出圈与济南都市圈的打造密不可分。淄博作为济南都市圈的重要城市之一，交通的互联互通是都市圈发展的重要基础。随着交通路网的不断完善，未来不仅是大学生，整个都市圈内的城市人都将能够更方便地共享淄博的美食和景点。

二、"淄博还有什么"

"藏在深山人未识，一朝成名天下知"，这可以说是淄博烧烤的生动写照。不仅当地人呼吁"把吃的机会让给游客"，连当地的烧烤店也自发行动起来。

据当地媒体报道，自 2023 年 3 月 8 日起，包括牧羊村、小寒羊、犇羴鱻、旺旺大串烧烤、鲜羊村等在内的抖音网红烧烤店纷纷接受食品安全质量检查。仅淄博市辖区张店区就已自发成立多个行业自律联盟，成员商户达百余家。"自家的饭碗自家要端牢，不能把招牌砸了。"前述报道如是说。与此同时，当地政府也积极行动，进一步擦亮"淄博烧烤"这张新名片。

2023年3月10日，淄博市政府新闻办组织召开新闻发布会，明确表示要抓住此次淄博烧烤"火爆出圈"的契机，成立淄博市烧烤协会，并发布淄博烧烤地图。此外，为了展示淄博烧烤文化，淄博计划于五一前后举办"淄博烧烤节"，并确定3月至11月为"淄博烧烤季"。

为了方便外地游客乘坐高铁前来品尝烧烤，淄博不仅重新规划了途经烧烤店的常规公交线路，主城区42条常规公交线路覆盖了33家烧烤店，还专门新增了21条定制烧烤公交专线。随之，"淄博烧烤公交线路""淄博将要举办烧烤节"等话题持续发酵，将淄博的热度推向了新的高度。

烧烤作为一种美食，不仅具有街头文化和社交属性，随着其知名度的提高，淄博的旅游热度也随之上升。淄博宣布开始实施景区门票减免优惠政策，3月31日前，全市国有A级旅游景区免首道门票，并在全市34家A级旅游景区推出"免费开放日"等活动。

淄博还将烧烤流量延伸到了人才招引领域，希望将"流量"转化为"留量"，提出全市38处青年驿站为符合条件的来淄求职、就业的青年学生提供每年3次、每次2晚的免费入住机会，来淄实习、游玩、访友的青年学生可享受每年4次、每次5天的半价入住优惠。

相关数据显示，淄博2022年的常住人口是470.88万人，仅比上一年增加了4000人左右。与2010年第六次全国人口普查的4530597人相比，仅增加17万多人，增量不足。

对于"淄博烧烤"这个突然爆火的文旅IP，其生命力不仅在于塑造美食品牌，更在于更新城市形象、带动当地产业改变。这需要网络场景营销、地方政府推动、企业努力以及消费者的口碑效应等多重因素共同作用，才能延续其生命力并使其成为持久的城市IP。

然而，要想将淄博烧烤这一文旅IP发挥到极致，还面临不少挑战。从淄博本身来说，其经济社会发展还面临一些困难，如产业创新力不强、新旧动能转换不畅、区域协同发展水平不高等问题。此外，烧烤行业也存在着食品安全、环境污染等隐患，以及品牌保护等问题。

网红现象具有偶发性，但对于城市品牌的营销而言，某种产品或现象的"出圈"又是一次难得的机会。因此，要借势营销构建"T形品牌矩阵"，即以淄博烧烤为龙头，带动更多品牌传播。不仅要巩固淄博烧烤的美誉度，更要以淄博烧烤为纽带，解答消费者心中"淄博还有什么"的疑问。让各行各业的"淄博好品"都跟着淄博烧烤一起"出圈"，将淄博的"在地文化"转化为消费者能够体验的业态、产品和场景，特别是以淄博烧烤带动夜经济、周末休闲的进一步完善和配套，从而全面激活城市的活力。如果只是局限于"淄博烧烤"这一单项，其热度很快就会消退。例如，近处的菏泽曹县、远处的柳州螺蛳粉都曾火爆一时，但很快就淡出了人们的视线。因此，淄博需要深入思考并付诸行动，以确保淄博烧烤的热度能够持续，并转化为城市发展的长久动力。

【案例 2】"村超""村 BA"何以火爆出圈①

2022 年 8 月，贵州省黔东南苗族侗族自治州台江县台盘村，一年一度的"六月六"吃新节篮球赛以其激烈的赛况、热情的观众和热烈的现场氛围迅速火爆出圈，网友们亲切地称其为"村 BA"。2023 年 5 月，在距离台盘村百余公里的榕江县，名为贵州榕江（三宝侗寨）和美乡村足球超级联赛的"村超"也以与"村 BA"相似的办赛风格，吸引了广泛关注，并迅速走红网络。

习近平总书记在 2024 年新年贺词中点赞"村超"活力四射，"村超""村 BA"也被媒体誉为观察中国式现代化的一个窗口。透过这一窗口，我们可以看见中国式现代化在一地一域的生动实践，感受到火热赛事背后蕴含的巨大能量。为深入了解"村超""村 BA"的故事，贵州省委宣传部赴榕江县、台江县开展专题调研，与参与并见证"村超""村 BA"的党员、干部和群众进行面对面交流，感受其活力所在，探寻其出圈密码，挖掘经验启示。

一、火热，不只在赛场

踏入"村超""村 BA"现场，宛如进入了一个热闹非凡的欢乐天地。观众席上人声鼎沸，锣鼓声震耳欲聋，欢呼加油声此起彼伏，掀起一波又一波澎湃人心的热潮；场上球员们全力以赴，挥洒汗水，每次攻防都尽显对胜利的执着追求；赛间休息时，民族歌舞精彩演绎，引人入胜。同时，赛事直播让全国各地的网友通过屏幕感受到现场比赛的激情，纷纷转发、评论、点赞，共享这份欢乐。这充分展现了"村超""村 BA"赛事的火热、文化的多彩、市场的繁荣以及快乐的纯粹。

---

① 中共贵州省委宣传部调研组．"村超""村 BA"何以火爆出圈［EB/OL］．（2024-06-01）［2024-06-06］．http://www.qstheory.cn/dukan/qs/2024-06/01/c_1130154164.htm.

2023 年 3 月 25—27 日，"村 BA"总决赛在台盘村举行。据当地干部介绍，全村人口不到 1200 人的台盘村，因"村 BA"带来的热度，短短几天内涌入 2 万余人。有媒体描述现场时写道："看台四周全是人，层叠不休，毫无空隙，人群中还有不少老人和抱着孩子的妇女。"在榕江，一场小县城的足球比赛"村超"，经常能吸引近 5 万名观众到场观看。网络上，数以亿计的网友涌进直播间，目睹来自大山深处火热赛事的风采。数据显示，"村超""村 BA"网络总点击量已超千亿次，成为全国知名的体育 IP。不仅在国内，"村超""村 BA"还受到不少境外知名媒体的持续关注，火出了国门。欧洲金球奖得主、英格兰传奇球星迈克尔·欧文录制视频为"村超"点赞；世界足球先生、巴西足坛名宿卡卡现身"村超"球场，参加 2024"逐梦"冠军公益赛并与球迷互动，全场一片沸腾；美国职业篮球联赛（NBA）迈阿密热火队球员吉米·巴特勒戴上精致的苗族银项圈走进"村 BA"球场，用苗语向现场观众问好，"村 BA"与 NBA 的"梦幻联动"更是引发热潮。

2024 年 3 月 22 日，贵州省黔东南苗族侗族自治州台江县台盘村以"活力四射·迎'篮'而上"为主题的"村 BA"球王争霸赛拉开战幕。

多彩的民俗。"村超""村 BA"不仅是一场球员和球迷的狂欢，更是一次多民族同胞的大聚会，也是一场民族文化的盛宴。赛场内外，随处可见朴实真诚、自信可爱的笑脸，身着民族服饰的各族同胞更是随处可见。2023 年，历时 78 天的"村超"赛事，98 场比赛带来了 126 场民族文化表演。"村 BA"赛场上，极富地方特色和民族风格的非遗展示、歌舞表演，以啦啦队、中场秀等形式呈现在观众面前，引发满场欢呼。如清泉般动听的侗族大歌、高亢嘹亮的苗族飞歌、曼妙多姿的苗族芦笙舞和盛装踩鼓舞等轮番登场，与现场数万观众互动，将气氛一次又一次推向高潮。

活跃的市场。调研组走访"村超"和"村 BA"赛场周边商户了解到，有餐馆一天内卖完两头牛、有小吃摊一天内狂卖 2000 碗卷粉、宾馆一房难求、特色农产品供不应求……借助"村超""村BA"带来的巨大流量，当地以赛促宣、以赛促健、以赛促文、以赛促旅、以赛促销，农文体旅商融合发展，服务业持续升温。在"村超"系列赛事的带动下，2023年榕江县累计接待游客760余万人次，实现旅游综合收入84亿元；全县新增经营主体2764户，其中餐饮业主体216户、住宿业主体113户、娱乐业主体23户；带动夜间消费4.48亿元，农产品线上线下销售额6.26亿元。同样，受"村BA"系列赛事助推，2023年台江县累计接待游客640余万人次，实现旅游综合收入85亿元，同比增长均超70%；"村BA"主题的文创餐厅、茶饮店、宾馆等如雨后春笋般涌现，产业链条不断延伸。赛事的火爆还带动了一批农民、返乡务工人员通过直播赛事成为网红。

二、其姓为"村"，其根也在"村"

作为民间自发组织、村民广泛参与的乡村赛事，"村超"和"村BA"其姓为"村"，名副其实。从调研情况来看，它们的火爆出圈，正是近年来贵州广大农村经济发展、环境美化、群众精神文化生活日益丰富的生动体现，其根深深地扎在"村"里。脱贫攻坚战取得全面胜利所打下的坚实物质基础、传承千年的浓厚民间文化氛围、覆盖城乡的交通网和互联网带来的高效开放渠道以及蕴藏在广大群众中的无限创造力等，共同为"村超"和"村BA"的"盛大绽放"创造了环境、提供了条件。

党的二十大以来，随着"和美乡村"建设的加快推进，贵州各地如珍珠般散落的民俗节庆等文化遗产更加光彩焕发。在这样的环境中"生长"出来的"村超"和"村BA"，自然而然地富含了深厚的文化基因。许多现场观众坦言，"与其说是来观看比赛，不如说是被文化所吸引"。正是这些丰富的文化遗产，赋予了群众性体育活动深厚的文化内涵，也为推进新时代精神文明建设提供了源源不断的文化动力。

从"万桥飞架"看开放之力。贵州作为全国唯一没有平原的省份，交通一直是制约其发展的瓶颈。改革开放以来，特别是进入新时代后，贵州高举开放旗帜，以大交通引领大开放，逢山开隧、遇水架桥，率先在西部地区实现县县通高速，高铁、机场等交通建设取得大踏步发展，全省交通格局、开放格局实现历史性重塑。跨越千山万水的"万桥飞架"，让黔东南州从过去的"偏居一隅"变为如今的"开放通衢"。黄平机场、黎平机场建成运营，贵广高铁、沪昆高铁穿境而过，当地对外交通条件大幅改善，开放格局焕然一新。从台江县台盘村出发，10分钟可上高速公路、半小时可抵达高铁车站。曾经在交通区位上相对"边缘化"的榕江县，也迎来了厦蓉、荔榕、剑榕等高速公路和贵广高铁榕江站的建成投用，逐步成为贵州通往珠三角的"桥头堡"。

路通百业兴。"村超"和"村BA"之所以在线下线上产生巨大流量，离不开交通条件的极大改善和互联网在乡村的广泛普及。"村超"球场周边500米范围内就有现代化大桥3座。通往"村BA"所在地台盘村的乡村道路平坦宽敞，车辆往来穿梭，一条条"畅、安、舒、美"的公路成为一道道亮丽的风景线。在互联网的支撑下，当地群众的开放意识进一步增强，纷纷自发拍摄、转发"村超"和"村BA"的火热场面、精彩瞬间、感人画面，为这两项赛事的出圈提供了强大的助推力。据不完全统计，有10万余名球迷群众自发通过抖音、快手、微信视频号等平台宣传"村超"，极大地推动了赛事的火爆出圈。

三、小赛事蕴含大道理

"村超"和"村BA"所展现的一幅幅活力四射、热闹非凡、其乐融融的人民幸福生活图景，正是推进乡村全面振兴战略部署在贵州的生动实践，是党团结带领人民群众创造美好生活的精彩缩影。总结好"村超""村BA"火爆出圈的经验，对于推进乡村全面振兴、走好中国式现代化道路，具有深刻的启示意义。

在"村超"系列赛事的带动下，贵州省黔东南苗族侗族自治州榕江县吸引了来自全国各地的游客前来观赛游玩，极大地推动了当地旅游、餐饮、住宿、文创、农特产品等行业的发展。

坚持因地制宜，一切从实际出发。习近平总书记指出："坚持一切从实际出发，是我们想问题、作决策、办事情的出发点和落脚点。""村超"和"村BA"并非"一夜爆红"，而是立足当地悠久的运动传统、多彩的民族文化、淳朴的乡俗民风等资源禀赋和深厚底蕴，因地制宜、久久为功推进乡村全面振兴的结晶。方向对了，就不怕路远。一个国家选择什么样的现代化道路，取决于其历史传统、社会制度、发展条件、外部环境等诸多因素。我们必须从本国实际和国情出发，牢牢把握中国式现代化的中国特色和本质要求，坚定不移走自己的路。对于各地区而言，资源禀赋、风土人情千差万别，必须坚持实事求是、因地制宜，紧密结合自身优势和发展实际，探索出既符合本地实际，又能激发群众参与热情的发展道路，真正做到"一把钥匙开一把锁"。

更加重视精神文明建设、不断增强人民精神力量。习近平总书记指出，"中国式现代化是物质文明和精神文明相协调的现代化"，"既要物质财富极大丰富，也要精神财富极大丰富、在思想文化上自信自强"。丰富人民精神世界，是中国式现代化的本质要求之一。"村超"和"村BA"的火爆出圈，正是不断满足人民日益增长的精神文化需求的结果，也是物质文明与精神文明协调发展、共同进步的生动体现。物质文明与精神文明如鸟之双翼、车之两轮，缺一不可。在新时代新征程上，推进中国式现代化要坚持物质文明和精神文明两手抓、两手硬，深耕文化沃土，筑牢精神堤坝，增强文化自信，切实推进精神文明建设，让全体人民始终拥有团结奋斗的思想基础、开拓进取的主动精神、健康向上的价值追求。

　　尊重人民群众首创精神、充分激发群众智慧和力量。人民是历史的创造者，是真正的英雄。习近平总书记强调："只要我们始终坚持为了人民、依靠人民，尊重人民群众主体地位和首创精神，把人民群众中蕴藏着的智慧和力量充分激发出来，就一定能够不断创造出更多令人刮目相看的人间奇迹！"坚持人民主体地位，尊重人民首创精神，不仅是我们党的性质和宗旨的必然要求，也是党百年奋斗积累的宝贵经验。"村超"和"村BA"贯穿群众首创精神，让群众成为主角，充分发挥村民的积极性、主动性、创造性，坚持全民参与、共创共建，充分尊重人民主体、人民主创、人民主推。地方党委、政府、广大党员干部应成为幕后英雄，为人民服务，促进群众不竭的创新创造活力转化为发展动力。

【案例3】哈尔滨的火爆出圈！

　　哈尔滨被誉为"冰城"，冰雪作为哈尔滨的城市IP，不仅仅是一种自然资源或一个标识，它更像是城市的"文化芯片"一样，极大地增强了哈尔滨的辨识度和记忆点，在几代国人心中留下深刻印记。特别是我国成功举办北京冬奥会后，随着"北冰南展西扩东进"战略的实施，我国成功实现了"三亿人参与冰雪运动"的目标，推动冰雪旅游和冰雪运动逐渐从小众走向大众，成为大家喜闻乐见、广泛参与的娱乐活动。在这股冰雪热潮的背景下，各大社交媒体上涌现出众多关于哈尔滨"宠爱"南方游客的热门内容，一经发布便纷纷登上热搜，使哈尔滨成为"网红城市"，假日市场需求呈现爆发式增长的新趋势。

　　根据数据显示，2024年元旦假期仅3天时间，哈尔滨市共接待游客304.79万人次，实现旅游总收入59.14亿元，游客接待量和旅游总收入均达到历史新高，成功展现了"冰天雪地也是金山银山"

的生动实践。[①]

哈尔滨旅游何以火爆出圈？

一、多元文化的深度

作为一个多元文化汇聚的特色城市，哈尔滨自古以来就是各种文化的交汇点，包括狩猎、渔猎、牧猎和金源文化。这些文化在与来自中原的闯关东人的传统文化相融合时，形成了一种独特的多元混合文化。19世纪末20世纪初，随着中东铁路的兴建，哈尔滨逐渐受到欧洲和俄罗斯文化的影响，东西方文化在此碰撞与融合。这种多元文化的交汇使得哈尔滨拥有独特的城市特色和魅力，被誉为"天鹅项下的明珠""东方莫斯科""东方小巴黎""音乐之都"等。如今，文旅部门正在进一步挖掘和展示这些丰富的地方特色文化，例如采冰节上的特色民俗活动、鄂伦春族人驾驯鹿游行、冬捕节等，这些独特且难得一见的场景充分展示了哈尔滨多元文化的吸引力。

二、欧陆文化的厚度

19世纪末20世纪初，大量外国侨民涌入哈尔滨，从根本上改变了哈尔滨音乐、建筑以及当地居民的生活方式。古典主义、浪漫主义、文艺复兴式、巴洛克、拜占庭、新文艺运动派和俄罗斯式的典型建筑随处可见，中华巴洛克建筑群更是中西文化融合的杰作。此外，西洋交响乐和歌剧也大量涌入哈尔滨。经过当地居民改良的俄罗斯大列巴和红肠仍然是哈尔滨最具特色的美食，而享用西餐则成为当地居民最具浪漫情调的饮食体验。中西文化的交融赋予哈尔滨独特的国际风格，中央大街、索菲亚教堂、哈尔滨火车站等地成为游客们争相打卡的热门景点。在冰雪季节，哈尔滨甚至将交响乐带入商场，

---

① 光明网.哈尔滨爆火的六个维度［EB/OL］.（2024-01-07）［2024-06-28］. https://baijiahao.baidu.com/s?id=1787386370952133909&wfr=spider&for=pc.

将弦乐重奏搬至车站和机场。这种独特的"洋味儿"与冰天雪地的景致相融合，自然吸引着南方游客前来探索、感受并理解哈尔滨独具特色的文化魅力。

三、哈尔滨人民的温度

哈尔滨人以他们的热情、豪爽、重情重义而著称。尽管在网络上有些哈尔滨人幽默地调侃自己的家乡："哈尔滨，你让我感到陌生""我当初觉得我是本地人，事实证明本地人在南方"……但在实际行动中，他们绝不含糊。这次哈尔滨受到热捧的背后，是哈尔滨市民用最真挚、最朴实的方式传达着"哈尔滨欢迎您"的情感。从性格粗犷的出租车司机温柔地说出"公主请下车"，到细心地将冻梨切成块供人品尝；从中央大街地下通道连夜铺设的防滑地毯，到为游客提供全程贴心服务的志愿者；从志愿者为游客送上暖心姜糖水，再到当地热心网友为南方游客定制旅游攻略……哈尔滨之所以能引起轰动，离不开哈尔滨人那份真诚的情感，离不开每一个友好的微笑、每一次友善的援助。

四、打造冰雪经济的热度

近年来，黑龙江省哈尔滨市致力于发展冰雪经济，并投入了大量资源和精力。在省第十三次党代会上提出了"建设冰雪经济新高地"的目标，省政府颁布了冰雪经济发展规划和相关措施，推出了十大冰雪旗舰产品，设计了十大优质冰雪旅游线路，举办了15个知名节庆活动，设立了20个备受网红推崇的打卡景点，推出了众多融合民俗风情和冰雪文化特色的高品质、多元化旅游目的地，为"冰雪之冠，童话龙江"品牌增添了光彩。哈尔滨市通过实施"五个一工程"加快推进冰雪经济发展，全力打造冰雪文化的重要枢纽。此次冰雪季以"约会哈尔滨·冰雪暖世界"为主题，以"龙年游冰城·一起迎亚冬"为主线，策划了四大活动篇章，设立了七大板块，推出了100多项冰雪活动，旨在将其打造成为国际一流的冰雪旅游胜地。

五、创意营销推广的速度

借助创新创意，冰雪被打造得更加迷人，释放出巨大的吸引力。全新打造的设施和翻新工程不仅提升了游客体验，还不断挑战他们对于"冬季"的传统观念。从人工制作的月亮、冰冻水果摆盘艺术，到马儿在冰上飞驰、凤凰翔翔的壮观景象，再到公主式摄影和蹦迪派对巴士等，哈尔滨的冰雪景点应有尽有，甚至还能"全新打造"游客意想不到的景观，持续推进冰雪旅游创意的更新迭代。同时，充分利用短视频传播和"种草"平台等新兴媒体的广泛宣传效应。短视频制作者们通过镜头捕捉哈尔滨冰雪的独特魅力，而"种草"达人们则用感性的文字，为冰雪赋予更为深刻的内涵。有人将冰雪比作爱情，有广东游客形容"造访哈尔滨就像经历了一次浪漫蜜月旅行，回家后又感受了一次心碎"。当冰雪不再只是白雪皑皑，当旅行经历不再只是游玩，情感因素将推动更多人关注哈尔滨，使其由曾经的冰天雪地老工业城市，迅速转变为这个冬季备受瞩目的"网红"旅游胜地。通过创新的策略和独特的视角，哈尔滨这座冰雪之城被呈现得更加迷人、独特，吸引了众多游客驻足观赏。

六、优化营商环境的力度

各级政府在积极支持并推动文旅市场发展方面做出了巨大努力，不断打造安全、便利、舒适的旅游环境，确保游客能够享受到优质的保障和服务。在黑龙江，已经启动了一系列针对性强、措施有力的专项行动，以打击和整治文化和旅游市场中存在的违法行为，从而维护游客的合法权益。同时，哈尔滨市也发布了一份倡议书，鼓励商家提供高水准的服务质量，严格遵守诚信原则，维护良好的市场秩序，切实保护游客的合法权益。这份倡议书还倡导市民热情拥抱远方来客，践行"以客为尊、以客为友、以客为亲"的核心理念，对来自远方的游客表示出极大的尊重和友情。新年伊始，市政府更是连续召开了多次冬季旅游提升宾馆酒店服务质量座谈会，提醒从业者要抓住城市"出圈"的发展机遇。同时，面对出现的问题，政府也以坦诚的态度直面挑战，比如冰雪大世界开园遭遇"退票事件"，相关主管部门迅速妥善处理并发表了诚挚的道歉声明；又如游客受到欺诈的情形，监管部门立即展开快速调查核实，并对涉事人员进行了严厉处罚。正是政府的用心服务，使得各冰雪旅游景区形成合力，旅游服务更加丰富多彩、贴心周到，让游客在此宾至如归，留下美好回忆。

平心而论，对于哈尔滨冰雪旅游而言，若想实现长远发展，必须直面并应对诸多困难与挑战。只有在服务和质量的源头上不断努力，不断创新并突出特色以塑造品牌，整合并升级资源，以及有效利用媒体进行营销和推广，才能持续提升影响力和美誉度。这将是决定哈尔滨冰雪旅游未来能否实现从"过客"经济向"留客"经济转变，从单纯"爆红"到不断迈向"长红"的关键所在。

【案例 4】新晋"顶流"——甘肃天水麻辣烫！

甘肃天水凭借一碗麻辣烫彻底火出了圈，成为 2024 年新春又一座名副其实的"网红城市"。这一热潮的兴起，可追溯到社交媒体上一位网友在 2 月 13 日发布的一段天水麻辣烫视频。视频中色泽诱人、热辣滚烫的麻辣烫迅速获得了百万点赞，并被近 200 万网友分享。"甘肃天水麻辣烫"因此在各大社交平台登上热搜榜。评论区里，垂涎欲滴的网友纷纷询问"这是哪里的麻辣烫"，许多人更是"说走就走"，踏上天水寻味之旅，导致有的店铺因生意火爆而不得不休息一天备料。网友纷纷催促天水文旅部门"行动起来"，当地也积极回应：各酒店推出优惠活动，力求让外地游客住得舒心；开通两条麻辣烫专线，在火车站出站口等地拉横幅举牌子迎接游客。多个景区与麻辣烫联动促销，县级文旅部门主动出击，在市区宣传吸引游客，并为外地游客免费送当地景点门票、温泉票，还有甘谷辣椒、玲珑小番茄等特产。

据数据显示，2月12日—3月12日，前往天水的整体旅游订单量同比上年增长超2成，其中酒店订单同比增长超4成，门票订单同比增长超4倍。甘肃麻辣烫在各大社交平台频频被提及，全网关于"甘肃天水麻辣烫"的相关短视频和信息总点击播放量达161.4亿次，点赞量11.7亿次，互动评论量7.6亿次。不到一个月的时间，天水麻辣烫带动了天水旅游收入超过20亿元；有本地人代购天水麻辣烫月入10万元；开在外地的多家天水麻辣烫小店也日入过万。[①]

在旅游地图上，天水的存在感一直不高。但这并不代表这座城市没有底蕴。这里是"羲皇故里"，是已知最早地图的出产地，麦积山石窟也承载着千年流韵……这一次的走红，麻辣烫只是一个契机，小城的风韵与当地人的热忱，才是吸引更多人"说来就来"的真正原因。

一、社交媒体的力量

在当今这个信息传递迅速、内容丰富的社会环境中，社交媒体所展现的影响力和传播力不容忽视。天水麻辣烫的走红并非偶然，而是与众多知名博主的共同努力密不可分。当"传说中的波仔"在其视频中生动地呈现那一碗热气腾腾、香辣诱人的麻辣烫时，无数网友的味蕾被瞬间激发。随后，"一杯梁白开"等博主的推广视频更

---

① 相关数据来源：笔者统计互联网数据得来。

是将这一热潮推向了高潮。这些视频不仅展示了天水麻辣烫的美味，更传递了一种独特的地方文化和街头风情，激发了人们品尝的冲动。

社交媒体对天水麻辣烫的走红起到了重要的推动作用，而官方的积极推广也为这一现象注入了新的活力。甘肃省文化和旅游厅及时回应，积极推广这款地道的甘肃小吃，让更多人了解和认识它。同时，天水市政府也采取了一系列"宠粉"举措，如开通"麻辣烫公交专线"、优化市容环境等，提升了市民和游客的体验，进一步加深了人们对天水麻辣烫的喜爱和好评。

二、口碑传播的力量

谈及美食的畅销，客户口口相传的推荐功不可没。天水麻辣烫凭借其别具一格的味道和实惠的价格，赢得了食客们的广泛赞誉。品尝后的消费者纷纷表示，这款麻辣烫口感鲜美，辣味适中，香气四溢且不过于油腻，让人回味无穷。这种口碑传播的推广方式，为天水麻辣烫的广泛流行提供了强大的动力。

三、天水麻辣烫的独特之处

天水麻辣烫的独特之处在于其对麻辣与鲜香的完美融合。在品尝过程中，人们可以感受到麻辣的强烈刺激，同时又能品味到鲜香的浓郁滋味，给人留下深刻的印象。其汤底更是独特，采用多种香料和食材精心熬制而成，口感浓郁醇厚，令人回味无穷。此外，天水麻辣烫在食材选择上也独具匠心，除了常见的蔬菜、肉类和豆制品外，还融入了当地特色的食材，例如秉承天水特产的野菜、菌菇等，使得麻辣烫口感更加丰富多元，令人回味无穷。

四、天水麻辣烫的火爆对当地的影响

随着天水麻辣烫的火爆，越来越多的游客涌入该地，为当地带来了可观的旅游收入。同时，这一美食的走红也推动了相关产业的蓬勃发展,包括食材供应链和餐饮服务业等,为当地创造了更多的就业机会和经济效益。此外,天水麻辣烫的流行还对当地的文化传承产生了积极的推动作用,使得更多的人了解和关注天水的饮食文化和传统。通过社交媒体和口碑的传播,天水的知名度和影响力得到了进一步提升。

为了抓住这一发展机遇,天水全市人民齐心协力,共同推动城市的建设与发展。天水政府部门积极响应市民和游客的诉求,连夜进行墙面刷新、道路修缮,加强城市基础设施建设。同时,机场提供了专车服务,开通了"麻辣烫专线",方便外地游客直接前往麻辣烫店铺品尝。市监局也加强了对各个店铺的监督检查,确保食品和服务品质。天水市民更是自发组织车辆到火车站接送外地游客,主动打包麻辣烫带回家,将座位让给外地游客,展现了天水人民的热情与好客。

天水麻辣烫已经不仅仅是一种食物,它更成为天水这座城市的文化符号。通过与城市的历史、传统和地域特色的结合,麻辣烫成了游客体验天水文化的重要途径,增强了游客对城市的认同感和归属感。地方美食通过新媒体的传播、文化符号的塑造、政府与民间的协同合作以及文旅融合的策略,可以有效地转化为文旅城市的新动力,为地方经济带来新的增长点。天水麻辣烫的案例为其他城市提供了一个可借鉴的模式,展示了如何通过美食文化的力量推动地方旅游业的发展。

第二节 成功经验与做法总结

近年来，随着市场环境和消费习惯的不断演变，文旅产业正迎来重要的转型升级和提质增效的挑战。全国各地的文旅产业已展现出强劲复苏的态势，一些网红城市如淄博、哈尔滨、榕江、天水等，凭借独特魅力悄然走红，成为公众瞩目的焦点。任何城市的迅速崛起和广泛关注，都非偶然，而是天时、地利、人和三者相辅相成的结果。淄博烧烤、"村超"、哈尔滨冰雪节以及天水麻辣烫之所以能够脱颖而出，不仅得益于当前社会的宏观环境与文化趋势，更离不开当地政府的积极作为，敏锐捕捉并充分利用发展机遇。这种成功既是对客观环境的适应，也是对主观努力的肯定，体现了政府精准决策与积极行动的成果。

在蓬勃发展的"流量经济"和广阔前景的背景下，我们期待更多城市能够拥抱文旅产业的新模式，努力打造优质旅游服务，提升城市文旅品牌的知名度，找到成功的关键要素，吸引更多游客前来观光旅游，使自身成为备受瞩目、令人流连忘返的"长红"之城。

一、消费降级和品质升级并存的旅游消费趋势

旅游发展确实受到宏观经济基本面的深刻影响。在当前经济环境下，消费市场呈现出复杂多变的态势，具体表现为消费分层、消费降级与品质升级并存的现象。这种变化对旅游行业产生了深远的影响，促使旅游产品和服务不断适应新的市场需求。游客在旅游消费上更加追求物超所值，希望在有限的预算内获得更多实惠和满足。然而，这并不意味着游客愿意牺牲旅游的品质和体验。相反，他们在追求价格合理的同时，更加重视旅游产品的体验化、差异化和性价比。

在这样的消费背景下，淄博烧烤凭借其价格亲民、口感独特的特点，迅速在市场上脱颖而出，赢得了广大消费者的喜爱。这种成功案例为旅游行业提供了有益的启示：在消费下行的大环境下，通过提供价格合理、品质优良、具有特色的旅游产品，可以有效吸引游客的注意，提升旅游市场的竞争力。以哈尔滨为例，其冰雪旅游同样具备这样的优势。哈尔滨的冰雪旅游资源丰富，冰雪景观独特，为游客提供了难得的体验机会。同时，哈尔滨的冰雪旅游产品也注重性价比，让游客在享受冰雪乐趣的同时，不会感到过高的经济压力。这种体验性和性价比的结合，使得哈尔滨的冰雪旅游在市场上具有很强的竞争力，成为哈尔滨火爆出圈的重要因素之一。

综上所述，面对消费市场的变化，旅游行业需要不断创新和适应，通过提供符合市场需求、具有特色的旅游产品，满足游客的多样化需求，推动旅游市场的持续健康发展。

二、政府的宏观调控

为了推动产业创新的蓬勃发展，我们需要充分发挥政府"有形之手"与市场"无形之手"的协同作用，共同构建一个多元主体高效协同、各类要素集聚融通的产业创新生态。在这个过程中，政府的作用尤为关键，需要在宏观层面上找准方向，敏锐地发现并扶持具有潜力的产业苗头。

以淄博烧烤为例，淄博政府凭借其敏锐的市场洞察力，及时捕捉到了大学生返乡创业、烧烤文化兴起的热点，并迅速采取了行动。政府通过政策引导、资源整合、多方协调等手段，形成合力，打通了产业链的各个环节，维护了良好的市场秩序。这种快速响应和高效执行的能力，不仅促进了淄博烧烤产业的快速发展，也为其他地区提供了宝贵的经验。

哈尔滨、榕江等地政府也充分意识到了产业创新的重要性，并采取了一系列有效的引导措施。他们深知游客渴望新奇体验，网红需要借助流量提升知名度，景区需要有效的营销策略来吸引游客。因此，政府积极协调各方利益，实现了共赢局面。通过构建多元化的营销矩阵，这些地区成功吸引了大量游客和投资者的关注，实现了爆火出圈。

在营造良好营商环境和市场环境方面，淄博、哈尔滨等地政府也做出了积极努力。他们及时处理游客投诉，严厉整治了随意涨价、宰客等不良现象，切实保障了消费者的合法权益。同时，政府还免费开放了党政机关的停车场等公共设施，为游客提供了更加便捷的旅游体验。这些举措赢得了游客和公众的一致好评，进一步提升了这些地区的旅游吸引力和竞争力。

三、借鉴思考与实践建议 [①]

哈尔滨、淄博、村超旅游爆火出圈，对于当地的经济转型、体制机制优化乃至思想观念转变都有极大的推动作用。通过深入剖析这些案例，旨在为其他地方的文旅实践提供借鉴思考，以便明确发展方向。

（一）流量经济，随机性强且难以复制

当我们深入剖析哈尔滨的冰雪盛景、淄博烧烤的独特魅力以及村超的火爆现象时，不难发现它们都融合了"天时、地利、人和"的完美条件。这三者相辅相成，共同造就了这些成功案例的独特性

———————

① 擎天文化. "哈尔滨"爆火、淄博烧烤、村超出圈的底层逻辑与借鉴思考［EB/OL］. （2024-03-14）［2024-06-07］. http://www.19750.cn/news/shownews.php?id=102.

和难以复制性。

首先，这些现象级爆点往往都抓住了特定的"天时"。它们的成功并非偶然，而是适时地捕捉了市场的机遇。例如，哈尔滨的冰雪旅游在冬季吸引了无数游客，淄博烧烤和村超也在特定的季节或事件下迅速走红。这些"天时"因素为它们的成功奠定了基础。

其次，"地利"也是这些现象级爆点不可或缺的因素。哈尔滨拥有得天独厚的冰雪资源，淄博的烧烤文化别具一格，而村超则凭借其独特的地理位置和文化背景吸引了大量游客。这些"地利"因素为它们的成功提供了有力的支撑。

最后，"人和"即民众的支持和参与也是关键。在网络时代，短视频、社交网络等工具的普及使得信息传播更加迅速和广泛。当某个地方因某个意想不到的爆点突然走红时，大量的流量和关注度会迅速聚集。同时，民众的从众心理也会使热门景点更加热门。这种"人和"的力量是现象级爆点能够持续火爆的重要因素。

综上所述，在评估一个城市的旅游发展潜力时，我们需要综合考虑多个因素。短期内，旅游产品的质量和吸引力是关键。一个城市只有拥有丰富多样的旅游产品和独特的旅游资源，才能吸引更多的游客前来游览和消费。而从长远来看，经济发展水平和人口基数则是决定城市旅游发展潜力的重要因素。一个经济繁荣、人口众多的城市往往拥有更广阔的市场空间和更多的消费潜力，从而能够更好地推动旅游产业的发展。现象级爆点毕竟可遇不可求。正如中国旅游研究院院长戴斌所说："虽然我们不能准确预测下一座网红城市花落谁家，但回看淄博、哈尔滨、天水等，会发现他们有共同点：

美好，真诚，温暖，善意，生活的品质。一座城市有了这些内涵时，哪一天火不知道，但一定会火。"

（二）尊重规律，统筹全局

事物的发展往往具有周期性变化，无论其时间长短。对于城市而言，长期承受巨大的网络流量和消费人流冲击，必然会给城市运营和居民生活带来压力。从动员角度来看，全面动员总是伴随着成本和代价，并且有其极限。城市无法长时间持续进行全面动员。

在爆火期间，城市的餐饮、旅游等行业乃至整个城市系统都可能面临超负荷运转的状态，这种状态不仅不可持续，从经济角度看也未必划算。政府为了应对这种瞬时最大压力，需要投入大量的人力、物力和财力，这无疑加重了财政压力。因此，政府需要统筹全局，合理规划城市的发展节奏，同时也需要给市民留出休养生息的时间和空间，以便进行必要的缓冲和调整。例如，淄博烧烤从一个节日发展成为一个烧烤季，哈尔滨的冰雪节延伸成为冰雪季，这些都是城市根据自身特点进行合理规划和调整的成功案例。这些做法不仅有利于城市的可持续发展，也为市民提供了更多元化的选择和体验。

（三）产品、价格、推广、渠道

哈尔滨的火爆成功并非偶然，它得益于独特的冰雪文旅资源和一系列创新的推广策略。然而，这些元素更多的是"锦上添花"，真正让哈尔滨持续吸引游客并实现旅游业的繁荣，关键在于营商环境的持续改善和优化。

在散客化和自由行成为主流的今天，交通基础设施和公共服务质量构成了城市旅游竞争力的核心要素。一个优质的商业环境，对于旅游业来说，就像是"雪中送炭"，能够极大地提升城市的吸引力和竞争力。过于"讨好型"的市场策略虽然在短期内可能吸引游客，但长期来看并不可持续。任何一种现象都需要考虑经济效益和投入产出比，过于"讨好型"的财政负担难以长期支撑。因此，建立"友好型"市场环境，打造良好的旅游环境和营商环境，才是实现旅游业长期繁荣的关键。

爆火出圈需要满足产品、价格、推广、渠道四大要素。其中，优质的产品内容是根本，亲民的价格是吸引游客的关键，有效的推广渠道则是宣传运作的保障。近年来，各地文旅部门通过新奇的营销手法吸引游客，这是必要的，但文旅产品的质量和体验才是决定旅游行业兴衰的基石。哈尔滨冰雪节的成功，正是基于其近乎一年的精心策划和运作。它不仅仅依赖于冰雪资源的独特性，更在于产品层面的"体验＋娱乐"的深度融合，营销层面的"场景＋迭爆"的创新尝试，以及服务层面的"热情＋爆梗"的真诚付出。哈尔滨冰雪节通过滚动式、链条式、迭爆式的产品创新和营销策略，极大地满足了游客的期望，激发了他们的情感共鸣，从而实现了冰雪节的火爆出圈。

（四）顶层设计，精准施策

2023 年，国务院办公厅印发《关于释放旅游消费潜力推动旅游业高质量发展的若干措施》，文化和旅游部发布《国内旅游提升计划（2023—2025 年）》，各省（区、市）也相继出台促进产业恢复重振的政策举措，进一步强化顶层设计，解决产业发展堵点难点问题。2023 年文化和旅游市场可谓"热气腾腾"。"百城百区"金融支持文化和旅游消费行动计划扩大实施，文化和旅游消费促进活动贯穿全年……各级文化和旅游行政部门通过创新举办文旅促消费系列活动，加大产品供给，持续释放文旅消费潜力。[①]

淄博烧烤、榕江"村超"、哈尔滨冰雪节等成功案例，为政府提供了宝贵的启示。政府应深入思考如何有效利用这些短期热度，将网红效应转化为长期的经济价值，进而推动城市创新、创业和产业等多维度发展。以"村超"为例，可打造涵盖美食、娱乐、住宿等多方面的"体育＋经济"品牌，满足游客多元化需求。

鉴于去淄博、哈尔滨、榕江的游客中年轻人占比较大，且他们对社交和文化内容有较高需求，城市可借此发展更多文化演艺活动、社交酒吧等，以丰富业态、延长产业链，进而提升客单价，增加就业，激活消费市场。对于哈尔滨这类以冰雪旅游资源闻名的城市，虽面临季节性限制，但可通过与周边城市进行区域联动开发，实现

[①] 黄高原.激发潜能兴业态　抓牢项目强主体——2024 年全国文化和旅游产业发展工作会议凝聚业界力量［N］.中国旅游报，2024-04-01（02）.

资源共享、优势互补，形成产业协同发展的良好局面。在推进文旅产业发展时，地方政府应做好顶层设计，结合地方资源禀赋、区域环境特点和周边市场情况，进行差异化定位，避免盲目复制。同时，应深入调研基础市场主体，确保政策制定既符合宏观战略，又贴近市场需求。

综上所述，历史经验表明，成功的改革需要自上而下和自下而上相结合。政府应充分吸收民间创新，将基层经验转化为政策和法律，以政策杠杆推动改革深入。商鞅变法和王安石变法的对比，也提醒我们，改革需注重实践性和可行性，确保政策方案在实践中得以有效执行。

（五）推动多元融合，孵化创新产业模式

在当下的文化环境中，"小而美"的演艺新空间正不断涌现，每一部新作品都备受瞩目。音乐节和演唱会的门票一度供不应求，古老的汉服也被重新演绎，引领着一股全新的时尚潮流。越来越多的游客热衷于"跟着演出去旅行"或是"相约看展游"，这些新兴的旅游方式正逐渐成为市场的新宠。

回顾 2023 年，我们可以看到新业态、新场景、新玩法以及新需求层出不穷，这无疑对产业发展提出了新的挑战和要求。在这样的时代背景下，我们更应积极推动产业的深度融合，努力探索并培育融合发展的新业态，以此提升整个产业的附加值。

以 2024 年 3 月的甘肃天水为例，当地特色美食麻辣烫意外在各

大社交平台走红，迅速成为热搜话题。面对这一突如其来的机遇，天水文旅部门和各大景区迅速作出反应，推出了"天水麻辣烫+"的多元服务模式，旨在推动"美食+旅游"的深度融合。

通过这一创新举措，天水不仅成功地吸引了更多游客，还进一步丰富了当地的旅游资源和文化内涵。这种以地方特色美食为切入点的融合发展模式，不仅为游客提供了更加多元和深度的旅游体验，也为当地经济的持续发展注入了新的活力。天水麻辣烫的成功案例，无疑为我们提供了一个宝贵的经验：通过促进融合发展，培育新型业态，我们可以有效地提升产业的附加值，实现文化与经济的双赢。

（六）发挥本地特色，注重大众需求

中国旅游研究院院长戴斌指出："要认真研究广大游客的消费新需求，消费是理解旅游经济的一把钥匙。当游客的需求发生变化时，会倒逼生产要素、生产对象和劳动者发生巨变。我们只需要把游客的需求变化告诉给从业者，他们会捕捉其中的机会，更能因地制宜。但是，要做必要的引领，比如不能碰文化底线，不能踩生态红线。要让掌握新质生产力的人来做旅游业新质生产力的培育和发展，是旅游者在定义旅游业，谁能为旅游者提供高品质的服务，谁就是我们的主力军。"[1]

哈尔滨的出圈策略，正是从需求端出发，通过一系列精心策划

---

[1] 舜网.淄博尔滨天水……爆火的旅游城市有何共性？专家揭秘［EB/OL］.（2024-04-03）［2024-06-07］.https://baijiahao.baidu.com/s?id=1795303161393494331&wfr=spider&for=pc.

的城市整体营销活动，提升了城市的知名度和吸引力。2023 年，哈尔滨积极引进人才，自夏季起，相关部门便组织团队精心策划，制定了涵盖冰雪文化的 100 个活动项目方案。这些项目旨在充分发挥哈尔滨独特的冰雪资源优势，同时利用与央视及各省媒体建立的深厚关系和人脉网络，加大宣传力度，让更多人了解并爱上这座冰雪之城。为了进一步提升哈尔滨的知名度和影响力，相关部门还积极发挥名人效应，邀请国内及港澳地区的知名人士来到哈尔滨，为城市代言。这一举措不仅成功激发了黑龙江的旅游市场，还极大地提升了哈尔滨的城市形象，为培育城市品牌影响力奠定了坚实基础。从经济学的角度来看，哈尔滨的这一策略正是通过满足需求端的需求，做大增量，带动存量，实现社会总财富的增加。正如华夏民族几千年的改革历史所证明，只有那些能够增加社会总财富的改革，如商鞅变法和邓公的改革开放，才能取得真正的成功。这些改革通过做大蛋糕，为参与的社会各阶层提供了更大的利益空间，实现了双赢或多赢的局面，从而达到了"帕累托改进"的效果。相反，那些仅关注存量改革、未能着眼于社会总财富增加的改革，往往因为激发了各种社会矛盾而遭到反对，最终归于失败。

四、对其他地区的启示与借鉴

自 2023 年以来，"进淄赶烤""贵州村超"和"哈尔滨冰雪旅游"等活动热潮涌动，而 2024 年，"天水麻辣烫"也迅速崛起，受到大众热烈追捧。这些具有鲜明地域特色的娱乐活动和美食，如淄博的烧烤、榕江的"村超"、哈尔滨的冰雪以及天水的麻辣烫，不仅点燃了社交媒体的热议，更吸引了众多游客的目光，创造了一系列令人瞩目的"消费传奇"。

在这个信息瞬息万变的时代，一段引人入胜的短视频便能让一个城市声名鹊起，吸引游客蜂拥而至。因此，众多城市开始积极塑造具有强大影响力的 IP，旨在增强自身魅力，使"网红城市"的标签历久弥新。为实现这一目标，必须全方位激发城市活力，摒弃传统的宣传手段，采用更加接地气的传播方式。同时，我们应以深厚的文化底蕴为根基，突出城市的独特风情，通过强调地域特色、提供非凡体验、构建稳固品牌等手段，娓娓讲述每个城市独有的故事，从而吸引更多外界的关注。例如，淄博、榕江、哈尔滨和天水等城市，正是借助短视频等新媒体的力量，以娱乐或美食为媒介，巧妙地将地域文化融入其中，成功塑造了崭新的城市形象，吸引了大量游客的目光和脚步。

首先，必须深入挖掘并充分展示每个城市的独特文化和深厚内涵。网红城市的成功秘诀在于它们创造了别具一格的吸引点。一个城市的文化底蕴和历史传承是其最宝贵的资产。为了建立强大的文化吸引力，既要保护和传承这些珍贵的历史文化，又要创新其表现形式，使之焕发新的生机，吸引现代游客的目光。因此，我们需要深入挖掘每个城市独特的历史文化资源，将这些宝贵的元素巧妙地融入旅游产品和服务中，从而塑造出富有城市特色和文脉底蕴的"新形象"和"新特质"。这样，我们才能从短暂的关注转变为持久的瞩目，实现城市从短暂的网红效应到长久的繁荣发展的华丽转身。

其次，在推动城市旅游发展的过程中，应注重产品的差异化和深度体验。为了吸引并留住游客的心，城市必须提供独特且丰富的旅游体验。以淄博的烧烤、哈尔滨的冰雪文化以及天水的麻辣烫为例，它们已成为各自城市的标志性符号。然而，我们也应警惕旅游发展的同质化趋势。在追求成功的旅游元素和活动的过程中，许多城市可能会采用相似的营销策略和推广手段，导致游客体验趋于雷同，缺乏新意和吸引力。因此，各地应制定差异化的发展策略，并汲取其他知名旅游城市的经验教训，避免盲目模仿其他城市。

再次，旅游业的繁荣并非仅仅依赖于网红的吸引力，更需要完善的基础设施和优质的公共服务作为坚实后盾。这涵盖了交通、住宿、餐饮等各个方面。缺乏这些基础设施的支持，即使吸引了游客也难以满足他们的需求，进而导致游客体验大打折扣。因此，需要不断完善相关设施和服务水平以确保旅游业的持续健康发展。

最后，塑造并巩固持久品牌与城市形象至关重要，而政府在这一过程中扮演着举足轻重的角色。政府不仅应提供基础的管理和服务功能，更应成为文化和旅游发展的积极推动者和创新引领者。为了塑造独特且持久的城市品牌形象，政府需采取连贯的营销策略并保持卓越的服务质量。同时政府还需持续优化基础设施促进文旅产业的全面发展并提升旅游服务的整体水平，如改善交通便捷性、住宿舒适度和餐饮多样性等以营造一个友好、便捷和舒适的城市环境。同时，城市形象的构建已经演变为全民参与、全社会共建的新模式，需要各行业广泛参与，多维互动，创造主客共享的空间。[①]

综上所述要实现旅游业的高质量发展我们需要从多个方面入手：一是持续提升游客满意度，通过提供优质服务来赢得口碑；二是推动创新发展，不断为旅游业注入新的活力和动力；三是增强市场主体的竞争力，以确保整个行业的稳健发展。只有当这些因素得到全面提升时才能实现旅游业的高质量发展目标。

---

① 李治钢.让更多城市从"爆红"变"长红"［EB/OL］.（2024-05-05）［2024-06-06］. https://opinion.zjol.com.cn/cp/sptt/202405/t20240505_26820688.shtml.

第五章

前景展望

. . . .

近年来，文化和旅游已成为新的消费热点，在推动消费升级、优化产业结构、促进经济增长以及满足人民群众对美好生活的向往等方面发挥着举足轻重的作用。自 2023 年以来，国务院相继出台了《关于释放旅游消费潜力推动旅游业高质量发展的若干措施》和《国内旅游提升计划（2023—2025 年）》，2024 年的政府工作报告中亦多次提及文旅，文旅消费迎来了新的发展机遇。在当前的市场环境下，探讨文旅消费如何实现高质量深度发展显得尤为关键。

第一节　当前文旅消费市场的发展趋势

一、消费市场的变化

当前的文旅消费市场正在经历一场深刻的变革。过去，该市场往往展现出均质化和稳定化的特点，消费者的需求和偏好相对集中，文旅产品和服务也较为单一。然而，随着文旅行业的蓬勃发展，这一格局正在悄然改变。

目前，文旅消费市场正逐渐呈现碎片化、多元化和动态化的特征。这种变化不仅体现在消费者需求的多样性上，也体现在文旅产品和服务供给的丰富性上。如今，消费者不再满足于传统的团队游和组团游，而是更倾向于选择个性化、自由化的散客游。他们追求与众不同的体验，希望能够深入体验当地文化，与当地居民互动，探索未知的领域。与此同时，消费市场也不再简单地区分为外地市场和本地市场。随着旅游业的不断发展，越来越多的消费者开始将旅游视为一种生活方式，而不仅仅是短暂的休闲活动。因此，他们更加关注旅游与生活的结合，希望能够在旅游中体验到更多的生活乐趣。

在整体营销模式上，文旅行业也在经历着转变。以往的单向输出模式已无法满足消费者的需求，他们更倾向于与文旅部门进行互动交流。因此，文旅部门开始采用更加互动交流式的营销策略，通过社交媒体、网络平台等渠道与消费者进行互动，了解他们的需求和偏好，提供更加个性化的服务。

二、消费需求的变化

随着淄博烧烤、贵州"村超"和"村BA"、哈尔滨特色文化以及天水麻辣烫等的火爆，文化旅游市场呈现出一派繁荣景象。这种繁荣不仅体现在游客数量的激增上，更显著地体现在游客对文化旅游消费产品结构需求的扩大和变化上。

传统的文化旅游产品主要依托人文和自然资源，如历史遗迹、自然风光等。然而，随着社会的进步和人们需求的多样化，游客对于文化旅游产品的需求已经超越了这些传统资源。他们开始更加关注社会生活资源，如地方文化、民俗风情、特色美食等，期望通过旅游深入体验当地的生活方式，感受不同的文化氛围。

在旅游产品体验方面，游客的需求变得更加多元化和趣味化。他们不再满足于仅仅观赏风景，而是渴望参与各种文化活动中，亲身体验当地的文化魅力。例如，淄博烧烤的火爆让许多游客纷纷前往体验这一地道的美食文化，亲自动手烧烤，感受独特的烹饪乐趣。同样，贵州的"村超"和"村BA"也吸引了大量游客参与，他们在比赛中亲身体验了浓厚的乡村气息和热情的乡土文化。

此外，游客对于文化旅游产品展示方式的需求也趋向于多样化和复杂化。他们希望旅游产品能够具有更强的互动性和体验感，全方位满足他们的多种需求。为此，一些景区开始引入虚拟现实技术，让游客在虚拟的环境中体验历史文化；一些文化活动则增加了游客的参与环节，让他们能够亲身参与文化活动中，感受文化的魅力。

三、消费群体的演变

随着旅游业发展的不断深入，文旅消费群体也在逐渐转变，消费主力正从传统的观光旅游模式向更为细分、精准的消费群体延伸。目前，消费热点人群主要包括有一定消费能力且追求品质的中产阶层，以求知与探索为需求的亲子游群体，具备"有钱有闲"条件的老年消费市场，以及接受新事物速度快、热衷于兴趣消费的 Z 世代[①]。

数据显示，我国 Z 世代群体活跃用户规模达到 2.75 亿，贡献了约 40% 的消费规模。[②] 这一群体在文化旅游市场中占据重要地位。

随着旅游业的深入发展，文化旅游消费群体的构成也在悄然发生变化。传统的观光旅游模式已经不能完全满足现代消费者的需求。

首先，中产阶级群体成为文化旅游市场的重要力量。他们不仅具备强大的消费实力，还对旅游的品质和细节有着更高的要求。他们追求知识和探索，期望在旅行中深入了解当地的文化和历史，寻找独特的文化体验。此外，他们也愿意为亲子游买单，为孩子提供更丰富、更有教育意义的旅游体验。

其次，老年消费市场也展现出巨大的潜力。随着老年人口的增加和生活水平的提高，越来越多的老年人开始拥有充裕的退休金和业余时间，他们愿意将更多的时间和金钱投入文化旅游中。他们喜欢宁静、舒适的旅游环境，注重健康和养生，对传统文化和历史遗迹有着浓厚的兴趣。另外，Z 世代作为新时代的代表，也在文化旅

---

① Z 世代指的是 1995 年至 2009 年出生的一代人。Z 世代也称为"网生代""互联网世代"，他们一出生就与网络信息时代无缝对接，受数字信息技术、即时通信设备、智能手机产品等影响比较大。

② 徐旭华 . 新创意激发新活力：文旅消费深度发展的观察与思考［EB/OL］.（2024-03-29）［2024-04-18］. http://www.ctnews.com.cn/dongtai/content/2024-03-29/content_158339.html.

游市场中占据一席之地。他们出生于数字化时代，接受新事物速度快，愿意投入时间和金钱在文化旅游上。他们有着更为多元化、个性化的旅游需求，喜欢尝试新鲜、有趣的旅游项目，注重体验和互动。

总之，随着文旅消费群体的转变，文化旅游市场也迎来了新的发展机遇。各类消费群体对于旅游的需求和期待不尽相同，这要求旅游业在产品和服务上不断创新，以满足不同消费群体的需求。

第二节　文旅消费扩大升级的有关思考

随着消费需求的不断变化，以及新技术、新经济、新业态等新生产力的广泛应用，企业若要在激烈的市场竞争中脱颖而出，必须进行创新突破。针对新质生产力的推动，以下是对旅游业如何应对的几点思考。

第一，应对不同的消费群体进行精细划分，提供个性化服务。文旅产业的发展目标是满足人民群众对美好生活的追求，并促进经济增长。鉴于消费群体的变化，未来主流将是针对不同消费群体量身定制特色产品和服务。文化和旅游部门应特别关注中产阶级、Z世代、亲子游和老年群体的消费需求，积极推动康养度假、亲子研学、银发经济以及网红爆款等业态的发展，并从游览体验、餐饮享受、娱乐体验、文化体验和服务质量等方面全面升级文旅消费产品。

第二，应重点关注市场需求，培育具有创意价值的产品。内容是旅游业的核心竞争力。相较于传统旅游业的资源或资本驱动模式，提升消费体验的关键在于创意驱动。只有打造"前所未有的景观，触动心灵深处"的体验，赋予游客独特的情感价值和深刻的心灵共鸣，才能持续吸引游客。相关部门应顺势打造"特种兵式旅游"、城市漫游活动"City Walk"、乡村漫游活动"Country Walk"、户外运动、高品质文化体验等新型旅游产品。例如，可借鉴衢州市打造演唱会之城的成功经验，激活市场活力。

第三，需要适应市场变化，建立综合型实体。文旅实体是促进消费市场发展的桥梁和纽带，特别是旅行社、旅游景区和旅游饭店这三大支柱应当加快转型，实现跨界融合。旅行社可以围绕导游这一核心，进行转型重塑，打造规模小而精致的服务企业，并针对细分市场提供高附加值的定制旅游服务。旅游景区应积极营造消费场景，扩大再消费机会，挖掘细分市场，打造新型产品形态，从单一的营利中心转变为推动整个旅游目的地发展的引擎。旅游酒店需全面满足新型住宿需求，发展会议、商务、度假等专业类型的旅游酒店；同时，围绕主题化和科技化，推出主题文化旅游酒店和智能旅游酒店等。

第四，要整合资源，建立协同模式。文化娱乐旅游活动涉及全域、全员、全程的旅游体验，优质的政务服务、舒适的消费环境以及独特的当地风俗民情都是文旅体验的重要组成部分。因此，需要在政府部门的统筹规划和引导下，整合更广泛范围的资源和力量参与进来，构建政府营造环境、企业创新产品、居民营造氛围的共生共进发展格局。以衢州市为例，其组建的重大赛事活动领导小组将文旅、体育、公安、市场监管等部门纳入其中，建立联席会议机制，设立重大赛事活动推进办公室，统筹协调重大文旅体活动中的难题与问题。此外，还可以建立文旅全产业链发展模式，实现政府、协会和企业的联合协作。[①]

第三节　旅游业高质量发展前景

近年来，随着人民生活水平的提升和消费观念的转变，旅游业正迎来前所未有的发展机遇。以 2024 年的"五一"假期为例，全国国内旅游出游人次高达 2.95 亿，同比增长 7.6%，这一数字充分展示了旅游业强劲的发展势头。与此同时，国内游客出游总花费也达到了惊人的 1668.9 亿元，同比增长 12.7%，进一步证明了旅游消费市场的巨大潜力和活力。[②]

展望未来，旅游业的高质量发展前景广阔且充满机遇。首先，随着国家对旅游业发展的高度重视和政策支持力度的加大，旅游业将迎来更加宽松和有利的发展环境，为旅游企业提供更多的创新和

---

① 徐旭华.新创意激发新活力：文旅消费深度发展的观察与思考［EB/OL］.（2024-03-29）［2024-04-18］. http://www.ctnews.com.cn/dongtai/content/2024-03/29/content_158339.html.

② 新华网.添彩美好生活　旅游高质量发展前景广阔［EB/OL］.（2024-05-18）［2024-06-06］. http://www.xinhuanet.com/travel/20240518/56e37098c3754c87a0d96559d092a6c3/c.html.

发展空间，推动旅游业向更高质量、更高效益的方向发展。其次，随着人们生活水平的提高和消费观念的升级，旅游需求将更加多元化和个性化。游客不再满足于简单的观光游览，而是更加注重旅游体验和文化内涵。因此，旅游企业需要不断创新和升级产品和服务，推出更多符合市场需求和消费者口味的旅游产品，以满足游客的多元化需求。

同时，随着科技的不断进步和应用，旅游业也将迎来更多的创新和变革。例如，虚拟现实、增强现实等技术的应用将为游客带来更加真实、生动的旅游体验；人工智能、大数据等技术的应用将帮助旅游企业更好地了解市场需求和消费者行为，提升服务质量和效率。此外，全球化进程的加速和区域合作的深化，也为旅游业提供了更加广阔的国际市场。中国作为一个拥有丰富旅游资源和悠久历史文化的国家，将吸引更多的国际游客前来旅游观光、文化交流。这将为旅游企业带来更多的发展机遇和挑战，推动旅游业向更高层次、更宽领域发展。

一、健全体制机制

文化和旅游部党组副书记、副部长张政提出，要求文化和旅游部各级党组织深入学习贯彻习近平总书记关于党的建设的重要思想，以党的政治建设为统领，全面推进党的各项建设工作。他强调要重视思想建党、理论强党，坚持用党的创新理论武装头脑、指导实践、推动工作。他提出要落实好"党的一切工作到支部"的要求，加强基层党组织建设。要始终坚持党管干部原则，全方位锻造能够推动高质量发展的文化和旅游干部。同时，要坚持党性党风党纪一起抓，增强拒腐防变能力；完善党的建设和业务工作融合发展长效机制，把党的政治优势、组织优势转化为发展优势。深入贯彻落实党的二十大精神，积极推动文化和旅游部重点任务有效实施、全面完成。[①]

二、促进市场繁荣兴旺 [②]

旅游业的高质量发展关键在于促进市场的繁荣兴旺。这需要我们深入理解和把握旅游市场的特点和规律，积极调整旅游产品和服务结构，以满足日益升级的消费需求。具体而言，应当从以下几个方面着手。

（一）丰富旅游产品供给

在旅游产品的设计上，我们应当注重多样化和个性化。针对不同的消费群体，如年轻人、家庭、中老年等，推出各具特色的旅游

① 徐晓. 持续推动机关党的建设　为高质量发展贡献力量 [N]. 中国旅游报，2024-04-10（01）.

② 新华网. 添彩美好生活　旅游高质量发展前景广阔 [EB/OL]. （2024-05-18）[2024-06-06]. http://www.xinhuanet.com/travel/20240518/56e37098c3754c87a0d96559d092a6c3/c.html.

产品。例如，针对文化爱好者，可以推出深度文化旅游线路，让他们亲身体验和感受各地的历史文化底蕴；对于热爱大自然的游客，可以开发各类生态旅游产品，如徒步、露营、观鸟等；而对于寻求宁静和放松的游客，乡村旅游则是一个不错的选择。此外，结合当下热门的体育活动，体育旅游也成了新的增长点，为游客提供了更多元化的选择。

（二）提升旅游服务质量

旅游服务质量是旅游业持续发展的基石。为了提升服务质量，我们需要从多个方面入手。首先，加强行业监管，确保旅游市场的规范运行，打击不法经营行为；其次，提高从业人员的专业素养和服务意识，通过培训和考核等方式，提升他们的服务水平和能力；最后，完善旅游基础设施，如交通、住宿、餐饮等，确保游客在旅游过程中能够享受到便捷、舒适、安全的服务。

（三）加强旅游营销推广

在信息时代，营销推广对于提升旅游目的地的知名度和美誉度至关重要。我们应当充分利用各种营销手段，如网络营销、社交媒体营销等，将旅游目的地的独特魅力和优势传播出去。同时，结合地方特色和文化传统，举办各类文化旅游节庆活动，吸引更多游客前来参观体验。此外，与旅行社、航空公司等合作，推出优惠政策和特色产品，也是吸引游客的有效方式。

综上所述，我们应不断提升文化和旅游各项工作水平，推出更多能够增强人民精神力量的优秀文艺作品，培育并增强文化和旅游产业发展新动能，积极保持发展良好态势，促进文化和旅游市场繁荣兴旺。要深刻认识市场管理的定位和方向，坚定行业发展信心，巩固并增强行业发展良好态势，以更好地满足人民对美好生活的需要。以在线旅游企业为引领，推动酒店、景区、民宿等业态建设数字文旅应用新场景，加快形成文旅新质生产力。支持并鼓励头部企业技术赋能旅游服务质量提升，探索智慧化旅游服务新体系。不断优化公共配套设施，努力建成一批生态良好、体验丰富、配套完善、品位高雅的旅游民宿集群。

三、稳中求进，以进促稳

各级文化和旅游市场管理部门应坚持稳中求进、以进促稳的原则，将工作重心放在进一步优化营商环境、创新监管方式、规范市场秩序、培育信用品牌以及提升服务质量上。针对游客集中投诉的问题，应持零容忍态度，采取坚决有力的措施进行治理，以期从根本上遏制部分旅行社违法违规多发、高发、频发的问题。

为了实现这一目标，我们需要立足更高的站位，找准更优的发展路径。首先，通过深入调研和数据分析，明确文化和旅游市场的发展趋势和游客需求，为制定更加精准的政策措施提供科学依据。

其次，我们要着眼于更全面的配套建设，包括完善旅游基础设施、提升旅游服务质量、加强旅游安全管理等方面，为游客提供更加舒适、便捷的旅游体验。在监管方面，要实施更加务实有效的措施。通过加强日常监管和专项整治，加大对违法违规行为的查处力度，确保市场秩序规范有序。同时，我们还要加强信用体系建设，建立信用奖惩机制，引导企业诚信经营、规范服务。

在推动旅游民宿可持续高质量发展方面，我们要注重打造更具吸引力的品牌。通过挖掘地域文化特色、提升民宿设计品质、完善民宿服务配套等方式，打造一批具有地方特色的高品质民宿品牌。同时，加强民宿经营管理培训，提升民宿从业人员的专业素养和服务水平，为游客提供更加优质、个性化的住宿体验。

参考文献

一、专著类

［1］中国旅游研究院．2023年中国旅游经济运行分析与2024年发展预测［M］.北京：中国旅游出版社，2024.

［2］陈浩然，汤云超．智慧旅游韧性平台标准体系构建［M］.石家庄：河北科学技术出版社，2023.

［3］金蓉．旅游业高质量发展研究［M］.兰州：甘肃人民出版社，2023.

［4］逯忆．基于产业融合的旅游业高质量发展研究［M］.武汉：武汉大学出版社，2022.

［5］赵爱华．创新驱动辽宁全域旅游高质量发展研究［M］.长春：东北师范大学出版社，2024.

二、期刊类

［1］徐玉荟，贺小荣．空间溢出视角下数字经济对旅游业高质量发展的影响［J］.内江师范学院学报，2024，39（04）：119-128.

［2］韩英．数字经济、消费升级与旅游业高质量发展［J］.商

业经济研究，2024（06）：177-180.

[3] 张琴悦，宋瑞. 旅游业从率先复苏走向高质量发展 [J].中国国情国力，2024（03）：65-70.

[4] 赵丽红，袁惠爱. 互联网影响旅游业高质量发展的逻辑、机制与路径——基于供需结构视角 [J].旅游论坛，2024，17（01）：57-68.

[5] 彭淑贞，刘桂菊，梁薇. 旅游业高质量发展评价指标体系构建研究 [J].中国商论，2024（04）：149-152.

[6] 张玉梅，晋艺波. 基于数字经济角度旅游业高质量发展研究 [J].中国管理信息化，2024，27（03）：85-88.

[7] 时朋飞，徐艳清，龙荟冰，等. 高质量发展背景下成渝地区双城经济圈旅游业竞争力时空特征演变研究 [J].湖南师范大学自然科学学报，2024，47（02）：71-79.

[8] 杨韦雷，马燕. 文旅体融合对于旅游业高质量发展的价值及启示 [J].西部旅游，2024（01）：32-34.

[9] 王凯，郭鑫，叶俊，等. 中国旅游业高质量发展的时空特征及影响因素 [J].世界地理研究，2023，32（12）：104-117.

[10] 陈晔，马季振，李恒云，等. 科技赋能旅游业高质量发展：实践路径与研究议题 [J].旅游导刊，2023，7（05）：1-22.

[11] 曾宜富，邱元炜. 旅游业高质量发展的路径探索 [J].未来与发展，2023，47（08）：17-22.

[12] 裔小茜. 数字经济赋能旅游业高质量发展研究 [J].西部旅游，2023（10）：13-15.

［13］刘亚男，余瑶，董宇，等.我国旅游业高质量发展研究综述［J］.西南师范大学学报（自然科学版），2023，48（04）：109-116.

［14］李书昊，魏敏.中国旅游业高质量发展：核心要求、实现路径与保障机制［J］.云南民族大学学报（哲学社会科学版），2023，40（01）：152-160.

［15］张雷.黑龙江通信业以信息技术为旅游业赋能助推冬季冰雪旅游高质量发展［J］.通信管理与技术，2024（01）：2-3.

［16］翟玉胜.以新质生产力推动贵州旅游产业化［J］.当代贵州，2024（12）:56-57.

三、学位论文类

［1］王晨红.城市旅游经济韧性与旅游业高质量发展的时空耦合研究［D］.扬州：扬州大学，2023.

［2］徐爱萍.我国旅游业高质量发展评价及影响因素研究［D］.上海：华东师范大学，2021.

［3］乔媛媛.旅游资源对旅游业高质量发展的影响研究［D］.济南：山东财经大学，2022.

［4］胡欢欢.中国旅游业高质量发展水平的时空特征及影响因素研究［D］.湘潭：湘潭大学，2021.

［5］吴楠囡.黄河流域旅游业与经济高质量发展协调性及影响

因素分析［D］.太原：山西财经大学，2023.

　　［6］欧阳旻.我国旅游业发展与经济高质量发展的交互响应及耦合关系研究［D］.湘潭：湘潭大学，2022.

四、报刊类

　　［1］鑫华平.推动旅游业高质量发展行稳致远［N］.濮阳日报，2024-05-20（001）.

　　［2］关伟.以文塑旅以旅彰文推动文化旅游业高质量发展［N］.玉林日报，2024-04-10（A01）.

　　［3］曹雯.旅游订单量暴涨出行热度创新高［N］.贵州日报，2024-04-08（001）.

　　［4］刘海红.为旅游业高质量发展营造良好市场环境［N］.中国文化报，2024-01-29（002）.

　　［5］骆万丽，邹如意，韦江萍.用好政策工具箱确保发展高质量［N］.广西日报，2023-12-08（012）.

　　［6］赵腾泽.让新科技更好赋能文旅发展［N］.中国旅游报，2023-10-20（002）.

　　［7］于帆.为旅游业高质量发展按下"加速键"［N］.中国文化报，2023-10-17（002）.

　　［8］朱宁宁.旅游业高质量发展仍需各方努力［N］.法治日报，2023-10-10（007）.

［9］王靖，贺书琛．聚力文旅融合，共促绿色发展［N］．新华每日电讯，2023-09-03（004）．

［10］孙雪梅．丰富文旅产品打造优质环境绘就文化和旅游业高质量发展新篇章［N］．秦皇岛日报，2023-07-25（A01）．

［11］栗美霞．培育发展新质生产力山西文旅产业打开新格局［N］．山西经济日报，2024-04-23（001）．

［12］吕新涛．陕西泾阳锚准新质生产力"燃"点跑出高质量发展速度［N］．西北信息报，2024-04-19（001）．

［13］申逸恺．看贵州如何借力旅发会释放文旅新质生产力［N］．铜仁日报，2024-04-15（001）．

［14］黄蔚，曹雯．探索新质生产力与文化和旅游高质量发展互促新路［N］．贵州日报，2024-04-11（001）．

［15］张新红．因地制宜应用新质生产力全力推进旅游高质量发展［N］．九江日报，2024-04-08（001）．

［16］惠梦．数字科技带来文旅新体验［N］．中国财经报，2024-03-28（007）．

［17］秦睿．因地制宜发展新质生产力，青海怎么做？［N］．青海日报，2024-03-26（008）．

［18］曹雯．数智创新引领旅游新风尚［N］．贵州日报，2024-03-25（001）．

［19］韩洁．新起点新作为中部地区文旅高质量发展奋力开新局［N］．中国文化报，2024-03-22（001）．

［20］张栎．激发新质生产力谱写文旅新篇章［N］．甘肃经济日

报，2024-03-11（002）.

［21］许勤.打造发展新质生产力实践地［N］.学习时报，2024-03-04（01）.

［22］曹雯，黄若佩.以新质生产力引领文化旅游业快速发展［N］.贵州日报，2023-12-03（002）.

［23］祁梦竹，范俊生，魏彪.北京聚焦景区等场所优化支付服务［N］.中国文化报，2024-04-11（02）.

［24］孙丛丛.打好特色牌，"冬游齐鲁"气象新［N］.中国文化报，2024-01-29（03）.

［25］李志刚.旅游　海南自贸港的一张靓丽名片［N］.中国旅游报，2024-04-16（01）.

五、电子资源

［1］黑龙江省文化和旅游厅.哈尔滨市加快推动特色文化旅游开新局［EB/OL］.（2023-10-11）［2024-05-22］.https://www.mct.gov.cn/whzx/qgwhxxlb/hlj/202310/t20231011_949069.htm.

［2］新华社.2024年政府工作报告（全文）［EB/OL］.（2024-03-12）［2024-05-20］.http://www.ctnews.com.cn/jujiao/content/2024-03/12/content_157638.html.

［3］刘民坤，梁连健，刘晓怡，等.破解"流量经济"密码　实现文旅消费爆发增长［EB/OL］.（2024-04-09）［2024-

04-18］. http://www.ctnews.com.cn/guandian/content/2024-04/09/content_158730.html.

［4］徐旭华. 新创意激发新活力：文旅消费深度发展的观察与思考［EB/OL］.（2024-03-29）［2024-04-23］. http://www.ctnews.com.cn/dongtai/content/2024-03/29/content_158339.html.

［5］黄高原. 文化和旅游虚拟现实应用推广交流活动在京举办［EB/OL］.（2024-03-21）［2024-04-24］. http://www.ctnews.com.cn/jujiao/content/2024-03/21/content_158006.html.

［6］李志刚. 国新办发布会：新热点新潮流不断涌现带动消费增长［EB/OL］.（2024-04-17）［2024-05-22］. http://www.ctnews.com.cn/jujiao/content/2024-04/17/content_159094.html.

［7］文化和旅游部. 新一批及通过复核的国家文化产业示范基地名单公布［EB/OL］.（2024-03-26）［2024-05-22］. http://www.ctnews.com.cn/xxk/tzgg/content/2024-03/26/content_158150.html.

［8］杨勇. 旅游新质生产力：供需特质、创新取向与新旧之辩［J/OL］. 旅游导刊，1-9［2024-04-23］. http://kns.cnki.net/kcms/detail/31.2132.K.20240418.1932.002.html.